D'accord! 2

LANGUE ET CULTURE DU MONDE FRANCOPHONE

Cahier de l'élève

ISBN: 978-1-68005-808-6

2 3 4 5 6 7 8 9 PP 23 22 21 20 19 18

Table of Contents

Nom ____________________ Date ____________________

Unité préliminaire

Leçon PA

CONTEXTES

1 **La maison** Label the rooms and items indicated.

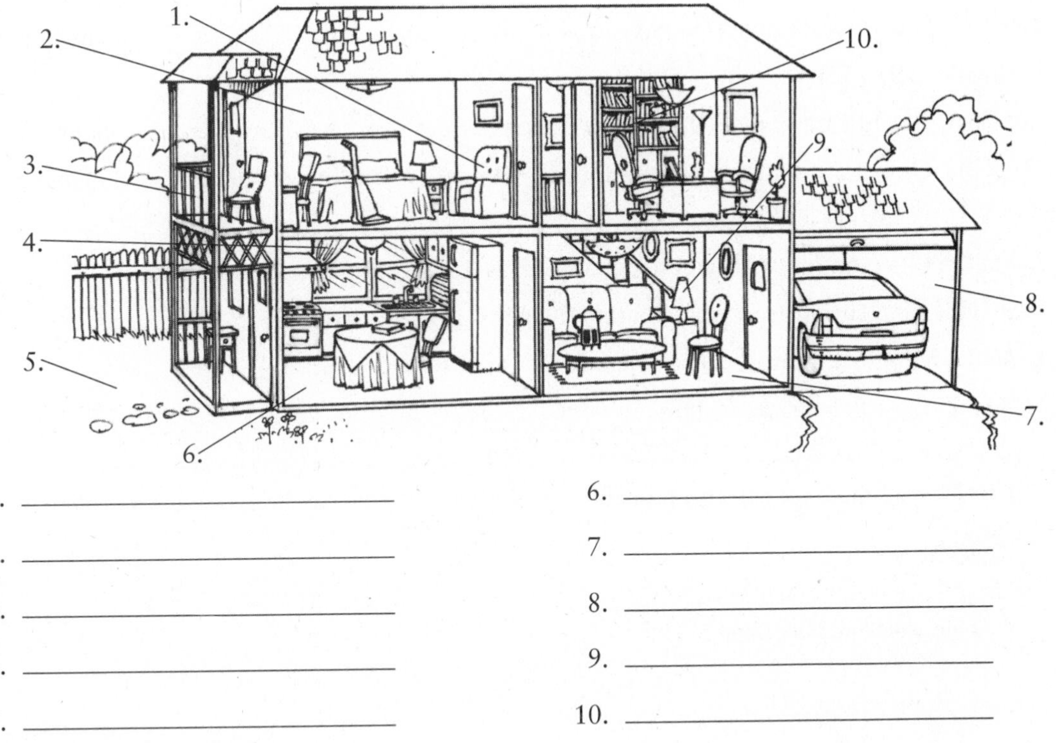

1. ____________________
2. ____________________
3. ____________________
4. ____________________
5. ____________________
6. ____________________
7. ____________________
8. ____________________
9. ____________________
10. ____________________

2 **Les règles** Your parents have rented an apartment for the summer in a family residence near the beach. Complete each rule (**règle**) with the most appropriate option.

RÈGLES DE LA MAISON

- Les vacanciers peuvent (*The vacationers can*) (1) ____________________ (emménager, déménager, louer) dans la résidence au début du mois de juillet.
- Le (2) ____________________ (chambre, loyer, studio) est payé à la fin du séjour (*stay*).
- Il est demandé aux vacanciers de ne pas faire de bruit dans (3) ____________________ (les appartements, les baignoires, les placards) après 10h00 du soir.
- Chaque famille partage (4) ____________________ (une commode, le sous-sol, une pièce) avec les autres familles.
- Il y a (5) ____________________ (deux salles de bains, trois escaliers, un jardin) dans tous les appartements. Il faut les nettoyer (*clean*) à la fin du séjour
- Les vacanciers peuvent utiliser la piscine dans (6) ____________________ (le couloir, le jardin, le canapé), derrière la maison, de 8h00 à 18h00.
- Il est interdit (*forbidden*) de laisser les vélos dans le jardin. Si vous avez un vélo, il y a (7) ____________________ (un quartier, un escalier, un garage) pour tous les vacanciers.
- Si vous avez d'autres questions, il y a du papier et un crayon dans (8) ____________________ (le fauteuil, le tiroir, le rideau) sur votre droite.

Nom ______________________ Date ______________________

3 La résidence

Complete this conversation with logical words or expressions.

DJAMILA Quand vas-tu (1) ______________ dans ta nouvelle maison avec tes parents?

FRÉDÉRIC La semaine prochaine, mais nous avons déjà les clés.

DJAMILA Et quand (2) ______________-tu de l'ancienne maison?

FRÉDÉRIC Demain.

DJAMILA Super! Est-ce que je peux venir voir (*see*) ta (3) ______________ maintenant?

FRÉDÉRIC Oui. Voilà.

DJAMILA Oh! Elle est grande. Il y a de la place pour des (4) ______________ pour tous tes livres.

FRÉDÉRIC Oui, et l' (5) ______________ pour mes vêtements va aller près de la fenêtre. J'aime beaucoup le (6) ______________.

DJAMILA Est-ce que vous allez pouvoir tous manger dans la cuisine comme avant?

FRÉDÉRIC Non, elle est trop petite. Nous allons manger dans la (7) ______________.

DJAMILA Et pour la voiture. Qu'est-ce que tes parents vont faire?

FRÉDÉRIC Il y a deux garages, alors, ils vont (8) ______________ l'un des deux à des amis.

4 Où ça?

Read these statements and tell in which part of the house the action is most likely taking place.

Modèle

Je prends une douche.
Je suis dans la salle de bains.

1. Sarah prépare le dîner.

____

2. Farid dort.

____

3. Catherine et Jacques lisent des romans et étudient.

____

4. Jean-Philippe sort de sa voiture.

____

5. Amadou descend chercher son vélo.

____

6. Le petit Cédric joue dans la baignoire.

____

7. Vous célébrez l'anniversaire de votre ami.

____

8. Nous nageons dans la piscine.

____

Nom ____________________ Date ____________________

CONTEXTES: AUDIO ACTIVITIES

1 **Décrivez** Listen to each sentence and write its number below the drawing of the household item mentioned.

a. ____ b. ____ c. ____ d. ____ e. ____ f. ____

2 **Identifiez** You will hear a series of words. Write the word that does not belong in each series.

1. ____________________
2. ____________________
3. ____________________
4. ____________________
5. ____________________
6. ____________________
7. ____________________
8. ____________________

3 **Logique ou illogique?** You will hear some statements. Decide if they are **logique** or **illogique**.

	Logique	Illogique
1.	❍	❍
2.	❍	❍
3.	❍	❍
4.	❍	❍
5.	❍	❍
6.	❍	❍
7.	❍	❍
8.	❍	❍

Nom ______________________ Date ______________________

LES SONS ET LES LETTRES

s and ss

You've already learned that an s at the end of a word is usually silent.

lavabos copains vas placards

An s at the beginning of a word, before a consonant, or after a pronounced consonant is pronounced like the *s* in the English word *set.*

soir salon studio absolument

A double *s* is pronounced like the *ss* in the English word *kiss.*

grosse assez intéressant rousse

An s at the end of a word is often pronounced when the following word begins with a vowel sound. An s in a liaison sounds like a *z*, like the *s* in the English word *rose.*

très élégant trois hommes

The other instance where the French s has a *z* sound is when there is a single s between two vowels within the same word. The s is pronounced like the *s* in the English word *music.*

musée amusant oiseau besoin

These words look alike, but have different meanings. Compare the pronunciations of each word pair.

poison poisson désert dessert

1 **Prononcez** Répétez les mots suivants à voix haute.

1. sac
2. triste
3. suisse
4. chose
5. bourse
6. passer
7. surprise
8. assister
9. magasin
10. expressions
11. sénégalaise
12. sérieusement

2 **Articulez** Répétez les phrases suivantes à voix haute.

1. Le spectacle est très amusant et la chanteuse est superbe.
2. Est-ce que vous habitez dans une maison?
3. De temps en temps, Suzanne assiste à l'inauguration d'expositions au musée.
4. Heureusement, mes professeurs sont sympathiques, sociables et très sincères.

3 **Dictons** Répétez les dictons à voix haute.

1. Si jeunesse savait, si vieillesse pouvait.
2. Les oiseaux de même plumage s'assemblent sur le même rivage.

4 **Dictée** You will hear six sentences. Each will be said twice. Listen carefully and write what you hear.

1. ______________________
2. ______________________
3. ______________________
4. ______________________
5. ______________________
6. ______________________

Nom ______________________ Date ______________________

Roman-photo

LA VISITE SURPRISE

Avant de regarder

1 **La surprise** Look at the photo and consider the title of this video episode. Who is in this picture? How do you think Sandrine will react when she sees him? What do you think will happen in this episode?

____

____

____

____

____

En regardant la vidéo

2 **Chez Sandrine** Check off the items that Sandrine has at her place.

- ❑ 1. un escalier
- ❑ 2. une chambre
- ❑ 3. une douche
- ❑ 4. un miroir
- ❑ 5. une baignoire
- ❑ 6. une cave
- ❑ 7. une cuisine
- ❑ 8. un jardin
- ❑ 9. un salon
- ❑ 10. une salle à manger
- ❑ 11. un lavabo
- ❑ 12. un sous-sol

3 **Identifiez-les** Label the rooms that are pictured.

1. ______________________

2. ______________________

3. ______________________

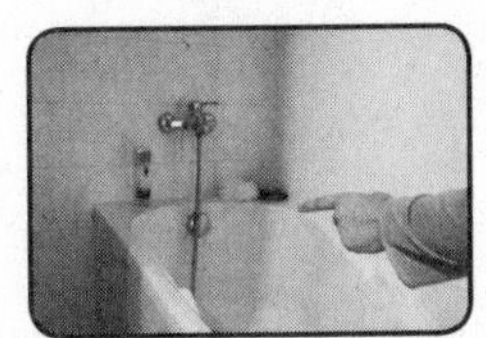

4. ______________________

5. ______________________

4 **Qui...?** Indicate which character says each of these lines. Write D for David or R for Rachid.

_______ 1. C'est grand chez toi!

_______ 2. Heureusement, Sandrine a décidé de rester.

_______ 3. Tu as combien de pièces?

_______ 4. Dis, c'est vrai, Sandrine, ta salle de bains est vraiment grande.

_______ 5. Chez nous, on a seulement une douche.

_______ 6. Et elle a une baignoire et un beau miroir au-dessus du lavabo!

5 **Complétez** Complete these sentences with the missing words from the video.

SANDRINE Je te fais (1) ______________________?

RACHID Oui, merci.

SANDRINE Voici la (2) ______________________.

RACHID Ça, c'est une (3) ______________________ très importante pour nous, les invités.

SANDRINE Et puis, la (4) ______________________.

RACHID Une pièce très importante pour Sandrine...

DAVID Évidemment!

SANDRINE Et voici ma (5) ______________________.

RACHID Elle est (6) ______________________!

SANDRINE Oui, j'aime le vert.

Après la vidéo

6 **Une dispute** Describe what is happening in this photo. Explain the events leading up to this moment.

____

____

____

____

____

7 **À vous!** What rooms do you have in your home? Write at least five sentences describing them.

____

____

____

____

____

____

____

Nom ______________________ Date ______________________

Flash culture

CHEZ NOUS

Avant de regarder

1 **Les habitations** In this video, you are going to learn about housing in France. List as many different types of places to live as you can in French.

____

____

____

____

____

____

____

2 **Chez moi** Complete these statements about your own home. Remember to use the correct article with each noun. Use words from the list or any other words you know.

appartement	garage	sous-sol
balcon	jardin	studio
cave	maison	terrasse
escalier	résidence	

1. J'habite dans ______________________.
2. Chez moi, il y a ______________________ et ______________________.
3. Il n'y a pas ______________________ chez moi.
4. À l'extérieur, il y a ______________________.
5. Quand elle était petite, ma grand-mère habitait dans ______________________.
6. Il y avait ______________________ et ______________________.
7. Il n'y avait pas ______________________.
8. À l'extérieur, il y avait ______________________.

En regardant la vidéo

3 **Mettez-les dans l'ordre** In what order does Benjamin mention these items?

_______ a. un balcon

_______ b. une terrasse

_______ c. un sous-sol

_______ d. un garage

_______ e. un jardin

Nom ______________________ Date ______________________

4 **Chez soi** Match these images with their captions.

1. 
2. 
3. 
4. 
5. 

_____ a. des maisons individuelles
_____ b. des appartements
_____ c. des HLM
_____ d. de grands immeubles
_____ e. des résidences pour les étudiants

5 **Complétez** Watch the video and complete the paragraphs below according to what Benjamin says.

1. Nous sommes dans la __________ d'Aix-en-Provence. C'est un __________ très pittoresque avec ses boutiques, ses restaurants et ses __________. Laissez-moi vous montrer différents types de __________.
2. Nous sommes maintenant dans la __________ où on trouve des __________ de toutes sortes. Par exemple, cette maison est assez __________.

Après la vidéo

6 **La maison de mes rêves** Describe your dream home. Tell where it is and what type of residence it is. Then describe its features in detail.

____

____

____

____

____

____

____

____

Nom ______________________ Date ______________________

STRUCTURES

PA.1 The passé composé vs. the imparfait (Part 1)

1 **Souvenirs d'enfance** Sylvain and his friends are talking about some childhood memories. Complete their statements by choosing the appropriate past tense.

1. Mon ancienne maison n' ______________ pas très grande.
   a. était b. a été
2. Nous ______________ trois garages dans notre maison.
   a. avons eu b. avions
3. Mes sœurs ______________ toujours beaucoup d'affiches sur les murs de leurs chambres.
   a. mettaient b. ont mis
4. Nous ______________ trois fois dans la même année.
   a. déménagions b. avons déménagé
5. Mes parents ______________ souvent une chambre aux étudiants de l'université.
   a. louaient b. ont loué
6. Un jour, mon frère ______________ du balcon.
   a. est tombé b. tombait
7. Papa ______________ le vieux fauteuil de mon grand-père.
   a. a adoré b. adorait
8. Tout à coup, je/j' ______________ un bruit (*noise*) au sous-sol.
   a. ai entendu b. entendais
9. Quand j'avais treize ans, je/j' ______________ dans un beau quartier à Chicago.
   a. ai habité b. habitais
10. Mes voisins ne/n' ______________ pas mon chat.
   a. ont aimé b. aimaient

2 **Raconte!** Complete this conversation by choosing an appropriate verb from the list and putting it in the **passé composé** or the **imparfait**.

aimer	avoir	décider	faire	rentrer
aller	commencer	être	préparer	sortir

CORALIE Tu (1) ______________ avec ta cousine Julie samedi dernier?

SARAH Oui, nous (2) ______________ voir le nouveau film de Leonardo DiCaprio.

CORALIE Ah oui? Tu l' (3) ______________?

SARAH Beaucoup! Ce/C' (4) ______________ vraiment super, surtout la fin!

CORALIE Qu'est-ce que vous (5) ______________ après le film?

SARAH Julie (6) ______________ faim, alors on (7) ______________ d'aller au Café Margot. Mais tout d'un coup (*all of a sudden*) il (8) ______________ à pleuvoir. Alors, nous (9) ______________ chez moi et je/j' (10) ______________ un sandwich au jambon pour elle.

Nom ______________________ Date ______________________

3 **Décrivez** Write a complete sentence in the past tense to describe each picture by choosing the phrase that matches the image. Be sure to pay attention to the cues to help you decide which past tense to use.

Modèle

Hier, Madame Boiteux **n'a pas couru.**

acheter des vêtements	beaucoup manger	ne pas courir	visiter Paris
arriver en retard	commander une salade	faire de la gym	boire du café

1. Hier matin, ils sont arrivés en retard.
2. Dimanche dernier, Julie a acheté des vêtements.
3. Quand il était jeune, Hervé beaucoup mangeais.
4. Vous faisiez de la gym. le week-end.
5. L'été dernier, je/j'  ai visité Paris.
6. Nous  commandions une salade tous les soirs.

4 **Pas de camping!** Pascal is writing an e-mail to Amadou about his camping experiences. Complete his e-mail with the **passé composé** or the **imparfait** of the verbs in parentheses.

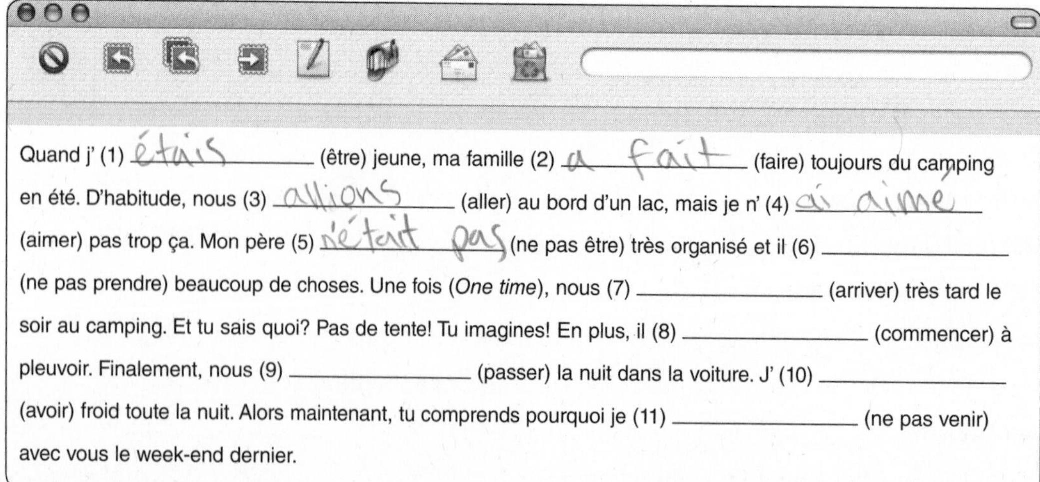

Quand j' (1) étais (être) jeune, ma famille (2) a fait (faire) toujours du camping en été. D'habitude, nous (3) allions (aller) au bord d'un lac, mais je n' (4) ai aime (aimer) pas trop ça. Mon père (5) n'était pas (ne pas être) très organisé et il (6) ________ (ne pas prendre) beaucoup de choses. Une fois (*One time*), nous (7) ________ (arriver) très tard le soir au camping. Et tu sais quoi? Pas de tente! Tu imagines! En plus, il (8) ________ (commencer) à pleuvoir. Finalement, nous (9) ________ (passer) la nuit dans la voiture. J' (10) ________ (avoir) froid toute la nuit. Alors maintenant, tu comprends pourquoi je (11) ________ (ne pas venir) avec vous le week-end dernier.

Nom ______________________ Date ______________________

PA.1 The **passé composé** vs. the **imparfait** (Part 1) (audio activities)

1 **Identifiez** Listen to each sentence in the past tense and indicate which category best describes it.

1. a. habitual action b. specific completed action c. description of a physical/mental state
2. a. habitual action b. specific completed action c. description of a physical/mental state
3. a. habitual action b. specific completed action c. description of a physical/mental state
4. a. habitual action b. specific completed action c. description of a physical/mental state
5. a. habitual action b. specific completed action c. description of a physical/mental state
6. a. habitual action b. specific completed action c. description of a physical/mental state
7. a. habitual action b. specific completed action c. description of a physical/mental state
8. a. habitual action b. specific completed action c. description of a physical/mental state
9. a. habitual action b. specific completed action c. description of a physical/mental state
10. a. habitual action b. specific completed action c. description of a physical/mental state

2 **Choisissez** Listen to each question and choose the most logical answer.

1. a. Il pleuvait et il faisait froid.
   b. Il a plu et il a fait froid.
2. a. J'ai joué au volley avec mes amis.
   b. Je jouais au volley avec mes amis.
3. a. Nous sommes allés au musée.
   b. Nous allions au musée.
4. a. Super! On a dansé toute la nuit.
   b. Super! On dansait toute la nuit.
5. a. Je les mettais dans ton sac.
   b. Je les ai mises dans ton sac.
6. a. Il a passé les vacances d'été en Espagne.
   b. Il passait les vacances d'été en Espagne.

3 **Complétez** Complete each sentence you hear in the **passé composé** or the **imparfait** using the cue. Repeat the correct response after the speaker.

Modèle

You hear: Ma petite amie adore danser maintenant, mais quand elle était au lycée...
You see: préférer chanter
You say: elle préférait chanter.

1. manger un sandwich
2. jouer au football
3. sortir tous les soirs
4. prendre un taxi
5. nettoyer le garage
6. porter des jupes

Nom _______________ Date _______________

PA.2 The passé composé vs. the imparfait (Part 2) and the verb vivre

1 **C'est du passé** Change each sentence from the present tense to the past tense. Use the **passé composé** or the **imparfait** based on the adverbial expression provided.

Modèle

Je mange une pizza à midi.
Hier, *j'ai mangé une pizza à midi.*

1. Je vis en Angleterre.
   _______________ pendant deux ans.
2. Ils font de l'aérobic.
   _______________ tous les samedis.
3. Tu vas rarement en banlieue.
   Autrefois, _______________.
4. Les femmes ont peur.
   Soudain, _______________.
5. Vous buvez du café au petit-déjeuner.
   Hier, _______________.
6. David ne paie pas le loyer à la propriétaire.
   Avant, _______________.
7. Nous étudions dans le salon.
   Parfois, _______________.
8. Ma tante descend au sous-sol.
   Une fois, _______________.

2 **Une journée assez banale** Tell how these people spent their day and what the circumstances were using the correct past tense.

1. Vincent et sa sœur _______________ (aller) au Cinéma Gaumont parce qu'il y _______________ (avoir) un bon film.
2. Natasha _______________ (rester) à la maison parce qu'elle _______________ (être) fatiguée.
3. Il _______________ (neiger) quand Antoine _______________ (aller) au marché.
4. Myriam et Alisha _______________ (beaucoup manger) parce qu'elles _______________ (avoir) faim.
5. Quand maman et tante Agathe _______________ (rentrer), je _______________ (nettoyer) le tapis.
6. Mon copain et moi _______________ (attendre) devant le café quand le prof nous _______________ (parler).

Nom ______________________ Date ______________________

3 **Qui faisait quoi?** Complete these sentences about what these people were doing using the illustrations.

1. 
2. 
3. 
4. 
5. 
6. 

1. Quand tante Élise a appelé, mon oncle ______________________
2. Maxime est arrivé quand nous ______________________
3. J'étais dans le jardin quand les enfants ______________________
4. Elle m'a vu (*saw*) quand je ______________________
5. Nous étions dans la cuisine quand vous ______________________
6. Quand nous sommes partis, Karim et Delphine ______________________

4 **Le départ** Lucas and Noémie are leaving for Dakar to visit their friend Saliou. Say what happened on the day of their departure by putting the verbs in the **passé composé** or the **imparfait.**

Le jour de leur départ, Lucas et Noémie (1) ______________ (prendre) tranquillement leur petit-déjeuner le matin parce que leur avion (2) ______________ (partir) seulement à 14h00. Après le petit-déjeuner, Noémie (3) ______________ (aller) au parc avec leur chien Loulou. Quand elle (4) ______________ (rentrer) à la maison, Lucas (5) ______________ (lire) le journal (*newspaper*). À 11h30, ils (6) ______________ (faire) leurs valises quand leur amie Julie (7) ______________ (venir) chercher leur chien. Ils (8) ______________ (bavarder) avec Julie quand tout à coup Lucas (9) ______________ (remarquer) (*noticed*) qu'il (10) ______________ (être) déjà 13h00! Lucas (11) ______________ (vite aller chercher) leurs bagages et Noémie (12) ______________ (appeler) un taxi. Ils n' (13) ______________ (avoir) pas beaucoup de temps! Ils (14) ______________ (arriver) à l'aéroport juste trente minutes avant le départ. Heureusement, l'avion (15) ______________ (partir) à 15h00 avec une heure de retard!

Nom ______________________ Date ______________________

PA.2 The **passé composé** vs. the **imparfait** (Part 2) and the verb **vivre** (audio activities)

1 **Complétez** Listen to each phrase and complete it using the cues. Repeat the correct response after the speaker.

Modèle

You hear: Elle regardait la télé quand...
You see: son frère / sortir la poubelle
You say: Elle regardait la télé quand son frère a sorti la poubelle.

1. papa / rentrer
2. son petit ami / téléphoner
3. mes sœurs / dormir
4. la cafetière / tomber
5. vous / être dans le jardin
6. nous / vivre au Sénégal

2 **Changez** Change each sentence you hear in the present tense to the appropriate past tense. Repeat the correct response after the speaker. (*8 items*)

Modèle

D'habitude, je sors à huit heures du matin.
D'habitude, je sortais à huit heures du matin.

3 **Répondez** Answer each question you hear using the cue. Repeat the correct response after the speaker.

Modèle

You hear: Qu'est-ce que tu lisais quand tu avais neuf ans?
You see: des bandes dessinées
You say: Je lisais des bandes dessinées.

1. des frites
2. rendre visite à mes grands-parents
3. au centre commercial
4. aller au centre-ville
5. non, dans une grande maison
6. une robe noire

Nom ______________________ Date ______________________

Unité préliminaire

Leçon PB

CONTEXTES

1 **Chassez l'intrus** Circle the item that does not belong in each group.

1. balayer, passer l'aspirateur, un balai, salir
2. débarrasser la table, enlever la poussière, faire la vaisselle, faire la cuisine
3. faire la lessive, repasser le linge, faire le ménage, un lave-linge
4. un oreiller, une couverture, les draps, un frigo
5. un appareil électrique, une cafetière, un oreiller, un grille-pain
6. un congélateur, un frigo, une cuisinière, une tâche ménagère
7. un balai, un évier, faire la vaisselle, laver
8. une cafetière, un grille-pain, un four à micro-ondes, un sèche-linge

2 **Que font-ils?** Write a sentence describing the domestic activity in each drawing.

1. ______________________

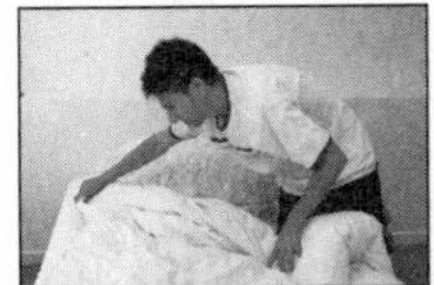

2. ______________________

3. ______________________

4. ______________________

3 **Les tâches ménagères** Tell who does what in Farid's household by completing each sentence with the most logical choice.

1. Après le dîner, ma sœur ______________________.
   a. fait la poussière b. met la table c. fait la vaisselle
2. Pour faire la cuisine, ma mère utilise le ______________________.
   a. lave-linge b. four c. congélateur
3. Je ______________________ ma chambre une fois par semaine.
   a. salis b. range c. repasse
4. Après la lessive, mon frère ______________________ ses vêtements.
   a. lave b. repasse c. balaie
5. Ma sœur change ______________________ toutes les semaines.
   a. l'aspirateur b. le balai c. les draps
6. Mon père ______________________ avant le dîner.
   a. met la table b. sort la poubelle c. passe l'aspirateur
7. Pour faire la vaisselle, j'utilise toujours ______________________.
   a. le lave-linge b. le balai c. le lave-vaisselle
8. Quand la poubelle est pleine, mon père la ______________________.
   a. range b. sort c. débarrasse

Nom ______________________ Date ______________________

4 **Mots croisés** Complete the crossword puzzle. One of the words will be missing an accent; write it out with the accent in place in the space provided below.

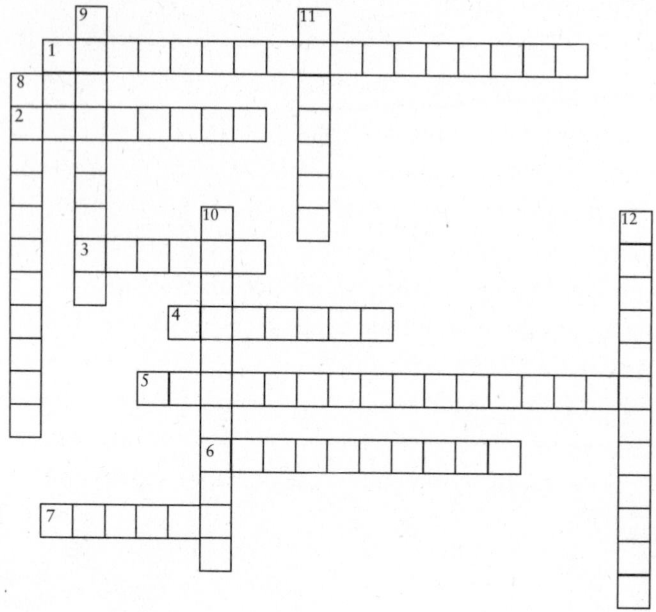

1. On l'utilise pour nettoyer le tapis.
2. On met sa tête dessus (*on it*) pour dormir.
3. Quand votre chambre est en désordre, il faut la...
4. Utiliser un balai, c'est...
5. On le fait au moins une fois par semaine quand il y a beaucoup d'ordures (*garbage*).
6. Après la lessive, on l'utilise.
7. C'est le contraire de sale.
8. On y range les glaces et les plats surgelés (*frozen dishes*).
9. On l'utilise pour faire du café.
10. C'est le contraire de mettre la table. ______________
11. Quand vous avez fait la vaisselle, il faut l'...
12. Si vous n'aimez pas avoir de plis (*folds*) sur vos vêtements, vous l'utilisez.

5 **Racontez** Your parents are asking you and your brother Philippe to help with the chores. Describe how you are going to divide up the housework. Suggest who should do each chore and how frequently.

Nom ______________________ Date ______________________

CONTEXTES: AUDIO ACTIVITIES

1 **Logique ou illogique?** Listen to these statements and indicate whether they are **logique** or illogique.

	Logique	Illogique
1.	❍	❍
2.	❍	❍
3.	❍	❍
4.	❍	❍
5.	❍	❍
6.	❍	❍
7.	❍	❍
8.	❍	❍

2 **Les tâches ménagères** Martin is a good housekeeper and does everything that needs to be done in the house. Listen to each statement and decide what he did. Then, repeat the correct answer after the speaker. (6 *items*)

Modèle

Les vêtements étaient sales.
Alors, il a fait la lessive.

3 **Décrivez** Julie has invited a few friends over. When her friends are gone, she goes in the kitchen. Look at the drawing and write the answer to each question you hear.

1. ______________________
2. ______________________
3. ______________________
4. ______________________

Nom ______________________ Date ______________________

LES SONS ET LES LETTRES

Semi-vowels

French has three semi-vowels. Semi-vowels are sounds that are produced in much the same way as vowels, but also have many properties in common with consonants. Semi-vowels are also sometimes referred to as *glides* because they glide from or into the vowel they accompany.

Lucien chien soif nuit

The semi-vowel that occurs in the word **bien** is very much like the *y* in the English word *yes*. It is usually spelled with an **i** or a **y** (pronounced *ee*), then glides into the following sound. This semi-vowel sound may also be spelled **ll** after an **i**.

nat**i**on bala**y**er b**i**en bri**ll**ant

The semi-vowel that occurs in the word **soif** is like the *w* in the English word *was*. It usually begins with **o** or **ou**, then glides into the following vowel.

tr**o**is fr**o**id **oui** L**ou**is

The third semi-vowel sound occurs in the word **nuit**. It is spelled with the vowel **u**, as in the French word **tu**, then glides into the following sound.

l**u**i s**u**is cr**u**el intellect**u**el

1 **Prononcez** Répétez les mots suivants à voix haute.

1. oui
2. taille
3. suisse
4. fille
5. mois
6. cruel
7. minuit
8. jouer
9. cuisine
10. juillet
11. échouer
12. croissant

2 **Articulez** Répétez les phrases suivantes à voix haute.

1. Voici trois poissons noirs.
2. Louis et sa famille sont suisses.
3. Parfois, Grégoire fait de la cuisine chinoise.
4. Aujourd'hui, Matthieu et Damien vont travailler.
5. Françoise a besoin de faire ses devoirs d'histoire.
6. La fille de Monsieur Poirot va conduire pour la première fois.

3 **Dictons** Répétez les dictons à voix haute.

1. La nuit, tous les chats sont gris.
2. Vouloir, c'est pouvoir.

4 **Dictée** You will hear six sentences. Each will be said twice. Listen carefully and write what you hear.

1. ______________________
2. ______________________
3. ______________________
4. ______________________
5. ______________________
6. ______________________

Nom ______________________ Date ______________________

Roman-photo

LA VIE SANS PASCAL

Avant de regarder

1 **Chez moi** In this video episode, you will hear people talking about chores. In preparation, make a list of household chores in French.

____

____

____

____

____

En regardant la vidéo

2 **Les tâches ménagères** Check off the chores mentioned or seen in the video.

- ❑ 1. faire le lit
- ❑ 2. balayer
- ❑ 3. sortir les poubelles
- ❑ 4. repasser le linge
- ❑ 5. ranger la chambre
- ❑ 6. passer l'aspirateur
- ❑ 7. mettre la table
- ❑ 8. faire la vaisselle
- ❑ 9. faire la lessive
- ❑ 10. débarrasser la table
- ❑ 11. enlever la poussière
- ❑ 12. essuyer la table

3 **Sélectionnez** Watch the scenes in the café, and choose the words that complete each sentence according to what you hear.

1. Je débarrasse ______________?
   a. la poubelle   b. la lessive   c. la table
2. Apporte-moi ______________, s'il te plaît.
   a. l'addition   b. le thé   c. le balai
3. Tu dois faire ______________ avant de sortir.
   a. la lessive   b. la vaisselle   c. les devoirs
4. Il faut sortir ______________ ce soir!
   a. le chien   b. le balai   c. les poubelles
5. Il est l'heure de préparer ______________.
   a. le dîner   b. les biscuits   c. le petit-déjeuner
6. Est-ce que tu as rangé ______________?
   a. le lit   b. la table   c. ta chambre

Nom ________________ Date ________________

4 **Les réponses** Watch the scene in Sandrine's apartment, and choose the response to each statement or question you hear in the video.

_______ 1. Mmmm. Qu'est-ce qui sent bon?	a. Un peu, oui.
_______ 2. Tu as soif?	b. Toi, tu as de la chance.
_______ 3. Tu vas le rencontrer un de ces jours?	c. Il y a des biscuits au chocolat dans le four.
_______ 4. Ne t'en fais pas, je comprends.	d. Oh… Je ne sais pas si c'est une bonne idée.
_______ 5. Je ne le connais pas vraiment, tu sais.	e. Comme d'habitude, tu as raison.

Après la vidéo

5 **Qui?** Who did these chores? Write **M** for Michèle, **St** for Stéphane, **V** for Valérie, or **X** if no one did it.

_______ 1. faire le lit

_______ 2. ranger sa chambre

_______ 3. faire la lessive

_______ 4. débarrasser la table

_______ 5. passer l'aspirateur

_______ 6. repasser le linge

_______ 7. sortir les poubelles

_______ 8. essuyer la table

6 **Expliquez** Answer these questions in French. Write complete sentences.

1. Pourquoi est-ce que Sandrine est de mauvaise humeur?

____

____

2. Pourquoi est-ce que Sandrine pense qu'Amina a de la chance?

____

____

3. Quand Sandrine parle d'un petit ami artistique, charmant et beau, à qui pense-t-elle? Comment est-ce que vous le savez?

____

____

7 **À vous!** Imagine that you are dividing household chores with your sibling. Write a conversation in which you discuss which chores you will each do. Talk about at least six different things.

____

____

____

____

____

____

____

____

Nom ______________________ Date ______________________

STRUCTURES

PB.1 The **passé composé** vs. the **imparfait** (Summary)

1 **Comme d'habitude?** Your big sister explains there have been some changes in the organization of the chores in her dorm. Complete each pair of sentences by using the **imparfait** or the **passé composé** of the verb in parentheses.

1. D'habitude, je/j' ______________ le couloir. (balayer)
   Hier, Serge ______________ le couloir avant moi.
2. Je/J' ______________ de temps en temps. (faire le ménage)
   Mardi, Hassan ______________.
3. La nouvelle étudiante ______________ deux fois. (mettre la table)
   Deux étudiantes ______________ tous les jours.
4. Je/J' ______________ toujours ma chambre avant de partir. (ranger)
   Ce matin, Sylvain ______________ la chambre.
5. Ils ______________ ce matin, à 6h00. (sortir la poubelle)
   Autrefois, mon camarade de chambre ______________.

2 **Que faisaient-ils?** Complete these descriptions of what the people in the photos were doing yesterday afternoon and where each activity took place.

1. 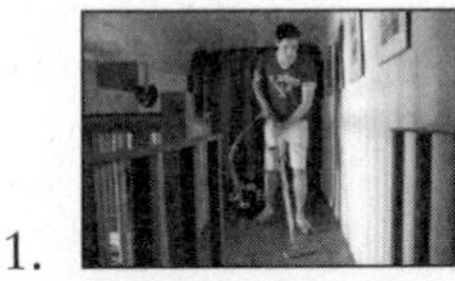
2. 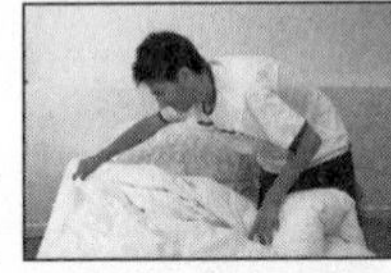
3. 
4. 
5. 
6. 

1. Hier, avant de venir me voir (*to see*), il ______________
   ______________.
2. Tous les après-midi, il ______________
   ______________.
3. Quand je l'ai appelé, il ______________
   ______________.
4. Elle ______________ pour la première fois.
5. Quand je l'ai vu, il ______________
   ______________.
6. Comme elle fêtait l'anniversaire de ses parents, elle ______________
   ______________.

3 **Quoi de neuf?** Complete Marc's letter to his grandparents by selecting the appropriate form of each verb in parentheses.

La semaine dernière, quand je (1) ______________ (rentrais / suis rentré) chez moi, il (2) ______________ (faisait / a fait) très froid. Il (3) ______________ (neigeait / a neigé). La cuisine (4) ______________ (était / a été) sale et en désordre, et mon frère (5) ______________ (passait / a passé) l'aspirateur. Je lui (6) ______________ (demandais / ai demandé) ce qui se passait (*was happening*). Il me/m' (7) ______________ (disait / a dit) qu'il (8) ______________ (fallait / a fallu) tout ranger rapidement avant la fête à 7h30! Les voisins nous (9) ______________ (aidaient / ont aidés) un peu, et la fête a été un succès. Quelle histoire!

4 **Racontez** There was a burglary in your building and the police are asking people where they were and what they were doing when it happened. Write questions and answers based on the cues provided. Follow the model.

Modèle

Mlle Hu / quand / M. Jouan / téléphoner (dans sa chambre / faire le ménage)
Que faisait Mlle Hu quand M. Jouan a téléphoné? Elle était dans sa chambre. Elle faisait le ménage.

1. M. Ibrahim / quand / M. Dupont / sortir la poubelle à 9h00 (dans la cuisine / nettoyer l'évier)
____
2. vous / quand / votre sœur / sortir avec ses amis (dans le salon / repasser le linge)
____
3. M. Dubois / quand / M. Traoré / aller au cinéma (dans la bibliothèque / lire)
____
4. Mlle Christophe / quand / Mlle Mojon / partir pour le gymnase (dans sa chambre / faire la poussière)
____
5. Mme Rodier / quand / M. Rodier / balayer le garage pour la première fois (dans le salon / ranger les magazines)
____
6. Mme Fossier / quand / sa fille / essuyer rapidement la table (dans le garage / faire la lessive)
____
7. M. Ardan / quand / son fils / rentrer (dans la cuisine / balayer)
____
8. M. Hassan / quand / sa femme / quitter la résidence (dans la salle de bains / laver la baignoire)
____

5 **Une aventure** Here is the account of what happened to Cédric during his stay in Yamoussoukro in **Côte d'Ivoire.** Complete his story by conjugating the verbs in parentheses in the **imparfait** or the **passé composé.**

L'été dernier, je/j' (1) ______________ (être) en Côte d'Ivoire. Je/J' (2) ______________ (rendre) visite à mon ami Amadou. Le jour de mon arrivée, je/j' (3) ______________ (passer) sept heures dans l'avion. Comme il (4) ______________ (faire) très chaud à Yamoussoukro, nous (5) ______________ (décider) de visiter la basilique. C'est la plus grande du monde! Ça/C' (6) ______________ (être) formidable. Ensuite, nous (7) ______________ (aller) au café, et puis nous (8) ______________ (rentrer) à la maison. Malheureusement, nous (9) ______________ (ne pas tout visiter) parce que nous (10) ______________ (ne pas avoir) assez de temps.

Nom ______________________ Date ______________________

PB.1 The **passé composé** vs. the **imparfait** (Summary) (audio activities)

1 **Identifiez** Listen to each statement and identify the verbs in the **imparfait** and the **passé composé**. Write them in the appropriate column.

Modèle

You hear: Quand je suis entrée dans la cuisine, maman faisait la vaisselle.
You write: *suis entrée* under **passé composé** and *faisait* under **imparfait**

	Imparfait	Passé composé
Modèle	*faisait*	*suis entrée*
1.		
2.		
3.		
4.		
5.		
6.		
7.		
8.		

2 **Répondez** Answer the questions using cues. Substitute direct object pronouns for the direct object nouns when appropriate. Repeat the correct response after the speaker.

Modèle

You hear: Pourquoi es-tu rentré tard?
You see: regarder un film avec Nathan
You say: *Je suis rentré tard parce que je regardais un film avec Nathan.*

1. la musique / être bonne
2. pleuvoir
3. Marc / chanter mal
4. avoir soif
5. ranger l'appartement
6. pendant que nous / étudier
7. pendant que Myriam / préparer le gâteau
8. être malade

3 **Vrai ou faux?** Listen as Coralie tells you about her childhood. Then read the statements and decide whether they are **vrai** or **faux**.

	Vrai	Faux
1. Quand elle était petite, Coralie habitait à Paris avec sa famille.	❍	❍
2. Son père était architecte.	❍	❍
3. Coralie a des frères et une sœur.	❍	❍
4. Tous les soirs, Coralie mettait la table.	❍	❍
5. Sa mère sortait le chien après dîner.	❍	❍
6. Un jour, ses parents ont tout vendu.	❍	❍
7. Coralie aime beaucoup habiter près de la mer.	❍	❍

Nom ______________________ Date ______________________

PB.2 The verbs savoir and connaître

1 **Savoir ou connaître?** Describe what these people know or don't know using the verbs **savoir** and connaître.

1. Il ______________

2. Il ______________

3. Il ______________

4. Rachid ______________

5. Elle ______________

6. Ils ______________

2 **Choisissez** Complete these sentences using the present tense of **savoir** or **connaître**.

1. Ma mère ______________ où sont les draps.
2. Hassan ______________ quand il faut sortir la poubelle.
3. Je ______________ comment fonctionne le congélateur.
4. Vous ______________ les élèves des autres classes?
5. Ils ______________ comment repasser le linge.
6. Elle ______________ conduire.
7. Tu ______________ le propriétaire de la maison.
8. Nous ______________ bien le quartier et le supermarché.

3 **Écrivez** Write sentences with **savoir** or **connaître** based on the cues provided.

1. Chuyên / mon copain, Clément

____

2. mon frère / conduire

____

3. je / le garage où il gare (*parks*) sa voiture

____

4. Marc / le propriétaire du garage

____

5. le propriétaire du garage / parler français et vietnamien

____

6. Chuyên / le centre franco-vietnamien

____

7. nous / Tûan

____

8. il / nager

____

4 **Mon correspondant** Complete this paragraph by selecting the appropriate verbs in parentheses.

Quand je suis arrivé(e) en France, je (1) ______________ (savais, connaissais) un peu Paris, mais je ne (2) ______________ (savais, connaissais) pas bien parler français et je ne (3) ______________ (savais, connaissais) pas non plus mon correspondant. Je (4) ______________ (savais, connaissais) seulement qu'il était grand et brun et que nous avions le même âge. Les premiers jours, j'ai visité les grands monuments. Mon correspondant (5) ______________ (savait, connaissait) où aller. Je (6) ______________ (savais, connaissais) déjà les monuments, mais je ne (7) ______________ (savais, connaissais) pas qu'il y aurait (*would be*) des centaines de touristes là-bas. Heureusement que mon correspondant était avec moi parce que je ne (8) ______________ (savais, connaissais) pas le quartier et je ne (9) ______________ (savais, connaissais) pas qu'il était difficile de trouver certains endroits. Maintenant, je (10) ______________ (sais, connais) bien Paris et mon correspondant.

5 **Un accident** Séverine and Malika run into their friend, Bénédicte. Complete their conversation with the correct form of the verb **savoir, connaître,** or **reconnaître** in the present, the **imparfait**, or the **passé composé**.

BÉNÉDICTE Est-ce que vous (1) ______________ ce qui s'est passé?

SÉVERINE Non, raconte.

BÉNÉDICTE Eh bien, vous (2) ______________ Yannick, n'est-ce pas?

SÉVERINE Oui, je le/l' (3) ______________ en cours de français l'année dernière. Et toi, Malika, tu le/l' (4) ______________?

MALIKA Non, je ne pense pas.

BÉNÉDICTE Il a (5) ______________ Ed Sheeran au supermarché! Il l'a (6) ______________ à cause de ses cheveux roux.

SÉVERINE Tu (7) ______________ dans quel supermarché il était?

BÉNÉDICTE Oui, mais je ne/n' (8) ______________ pas les heures d'ouverture.

MALIKA Appelons le supermarché. Je veux son autographe!

Nom ______________________ Date ______________________

PB.2 The verbs **savoir** and **connaître** (audio activities)

1

Connaître ou savoir You will hear some sentences with a beep in place of the verb. Decide which form of **connaître** or **savoir** should complete each sentence and circle it.

	a.	b.
1.	a. sais	b. connais
2.	a. sait	b. connaît
3.	a. savons	b. connaissons
4.	a. connaissent	b. savent
5.	a. connaissez	b. savez
6.	a. connaissons	b. savons

2

Changez Listen to the following statements and say that you do the same activities. Repeat the correct answer after the speaker. (*6 items*)

Modèle

Alexandre sait parler chinois.
Moi aussi, je sais parler chinois.

3

Répondez Answer each question using the cue that you see. Repeat the correct response after the speaker. (*6 items*)

Modèle

You hear: Est-ce que tes parents connaissent tes amis?
You see: oui
You say: Oui, mes parents connaissent mes amis.

1. oui
2. non
3. oui
4. six mois
5. oui
6. non

4

Mon amie Salomé is spending the summer in France with a host family. Listen as she describes her experience. Then read the statements and decide whether they are **vrai** or **faux**.

	Vrai	Faux
1. Salomé ne connaît pas la famille de Christine.	❍	❍
2. Christine sait parler russe.	❍	❍
3. Christine sait danser.	❍	❍
4. Salomé connaît maintenant des recettes.	❍	❍
5. Christine sait passer l'aspirateur.	❍	❍
6. Christine ne sait pas repasser.	❍	❍

Nom ______________________ Date ______________________

Unité préliminaire

PANORAMA

Savoir-faire

1 **Vrai ou faux?** Indicate whether these statements are **vrai** or **faux**. Correct the false statements.

1. On peut visiter Paris très facilement à pied (*on foot*).

____

2. Paris est divisée en vingt arrondissements.

____

3. Il y a cent cinq musées à Paris.

____

4. Charles Baudelaire est un célèbre chanteur français.

____

5. Les catacombes sont sous les rues de Paris.

____

6. La tour Eiffel a été construite en 1889 pour l'Exposition universelle.

____

7. Paris-Plages est ouvert toute l'année.

____

8. L'architecte américain I. M. Pei a créé la Tour Eiffel.

____

9. Des entrées du métro sont construites dans le style rococo.

____

10. Le métro est un système de transport très efficace.

____

2 **C'est qui ou quoi?** Label each image shown below.

1. ______________________

2. ______________________

3. ______________________

4. ______________________

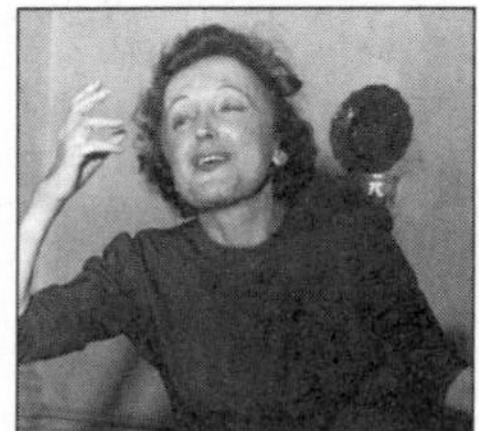

5. ______________________

6. ______________________

Nom ______________________ Date ______________________

3 **Complétez** Complete these sentences with the correct information from **Panorama** about Paris.

Paris est la (1) ____________ de la France. Sa population est de plus de (2) ____________ d'habitants. Paris est divisée en vingt (3) ____________.

Le Louvre, un des plus grands musées du monde, est un ancien palais royal. L'œuvre (*piece of artwork*) la plus célèbre de sa collection est (4) ____________.

Avec plus de sept millions de visiteurs par an, (5) ____________ est un autre monument célèbre. Elle attire le plus grand nombre de visiteurs en France.

(6) ____________ les rues de Paris, dans (7) ____________, il y a environ (8) ____________ de squelettes provenant d' (9) ____________ de Paris et de ses environs.

Pour visiter Paris, le métro est un système de transport efficace. Les premières entrées du métro de style Art Nouveau datent de (10) ____________. Elles sont l'œuvre de l'architecte Hector Guimard.

4 **Déchiffrez** Use what you've learned in **Panorama** about Paris to decipher the code and fill in the missing letters. Then, use the code to discover three of France's main industries.

A	B	C	D	E	F	G	H	I	J	K	L	M	N	O	P	Q	R	S	T	U	V	W	X	Y	Z
					10									1											

1. C'est le nom d'un écrivain et activiste célèbre.

   ___ ___ ___ ___ ___ ___   ___ ___ ___ ___
   15 8 24 13 1 12   25 23 20 1

2. Chaque arrondissement en a un (*has one*).

   ___ ___   ___ ___ ___ ___ ___
   23 11   17 14 8 12 7

3. C'est le nom d'un fameux sculpteur.

   ___ ___ ___ ___ ___
   12 1 3 8 11

4. Dans les catacombes, il y a...

   ___ ___ ___   ___ ___ ___ ___ ___ ___ ___ ___ ___ ___
   3 7 2   2 26 23 7 16 7 13 13 7 2

5. La tour Eiffel a été construite (*was built*) pour cette (*this*) occasion.

   ___ ' ___ ___ ___ ___ ___ ___ ___ ___ ___ ___   ___ ___ ___ ___ ___ ___ ___ ___ ___ ___ ___
   16 7 22 5 1 2 8 13 8 1 11   23 11 8 15 7 12 2 7 16 16 7

6. C'est le nom du style de certaines (*some*) entrées du métro.

   ___ ___ ___   ___ ___ ___ ___ ___ ___ ___
   14 12 13   11 1 23 15 7 14 23

7. Voici trois des industries principales de Paris:

   ___ ___ ___   ___ ___ ___ ___ ___ ___ ___ ___
   16 7 2   10 8 11 14 11 24 7 2

   ___ ___   ___ ___ ___ ___ ___ ___ ___ ___ ___ ___ ___
   16 14   13 7 24 25 11 1 16 1 20 8 7

   ___ ___   ___ ___ ___ ___ ___ ___ ___ ___
   16 7   13 1 23 12 8 2 17 7

1 **Photos de l'Île-de-France** Label each photo.

1. ______________

2. ______________

3. ______________

4. ______________

2 **Des Franciliens célèbres** Match each person from **Panorama** with the appropriate description.

_____ 1. C'est une femme politique qui a été sénatrice du département de la Seine-Saint-Denis.
_____ 2. Ses jardins, comme le jardin de Versailles, sont précis et méticuleux.
_____ 3. C'est un acteur connu pour son rôle dans le film *Intouchables*.
_____ 4. Cet artiste a créé la closerie Falbala entre 1971 et 1973.
_____ 5. Ce poète, scénariste et artiste a contribué au mouvement du réalisme poétique.
_____ 6. Il a réalisé (*created*) sa peinture *Le pont d'Argenteuil* en 1874.

a. Dominique Voynet
b. Jacques Prévert
c. André Le Nôtre
d. Omar Sy
e. Jean Dubuffet
f. Claude Monet

3 **Lieux** Select the place that each statement describes.

1. On peut y voir (*see*) des remparts (*walls*) du Moyen Âge et des foires avec des spectacles sur la thématique médiévale.
   a. Disneyland Paris b. Provins c. Fontainebleau
2. Il y a plus de 1.600 kilomètres de chemins de randonnée.
   a. Disneyland Paris b. Provins c. Fontainebleau
3. Ce complexe avec deux parcs à thèmes et plus de soixante attractions est situé à 32 kilomètres de Paris.
   a. Disneyland Paris b. Provins c. Fontainebleau
4. On y pratique un type d'escalade sans corde, appelé «le bloc.»
   a. Disneyland Paris b. Provins c. Fontainebleau
5. Il y a un royaume (*kingdom*) enchanté et un parc sur les thèmes du cinéma et de l'animation.
   a. Disneyland Paris b. Provins c. Fontainebleau
6. On y peut faire de l'accrobranche.
   a. Disneyland Paris b. Provins c. Fontainebleau

Nom ______________________ Date ______________________

4 **Jardinier extraordinaire** Fill in the missing words or expressions to complete the paragraph.

(1) ________________ est connu pour ses jardins à la française. Son père était jardinier aux (2) ________________, et Le Nôtre a passé sa jeunesse avec lui. Puis, il a étudié (3) ________________ et est devenu jardinier du (4) ________________ en 1637. Il est considéré comme un (5) ________________ parce que ses créations précises et méticuleuses sont souvent caractérisées par des plantes aux formes (6) ________________.

5 **Vrai ou faux?** Indicate whether each statement is **vrai** or **faux**. Correct the false statements.

1. Les grands espaces de l'Île-de-France ont inspiré des peintres surréalistes.
   ____
2. Thierry Henry est un chanteur français.
   ____
3. La closerie Falbala est située sur l'île Saint-Germain.
   ____
4. Provins est devenu la ville avec les plus grandes foires de Champagne.
   ____
5. Le Nôtre est mort pauvre.
   ____
6. PAH signifie (*means*) «pratique d'activités hasardeuses».
   ____
7. La forêt de Fontainebleau est une réserve de biosphère avec un paysage varié.
   ____
8. Le royaume enchanté est le symbole le plus connu de Disneyland Paris.
   ____

6 **Répondez** Answer the following questions in complete sentences.

1. Quelles sont les industries principales de l'Île-de-France?
   ____
2. Qu'est-ce qu'on a dédié aux impressionnistes dans les Yvelines?
   ____
3. Pourquoi Jean Dubuffet a-t-il construit la closerie Falbala?
   ____
4. Pourquoi les foires à Provins étaient-elles importantes au Moyen Âge?
   ____
5. Qu'a fait Le Nôtre avant d'être jardinier du roi Louis XIV?
   ____
6. Comment fait-on de l'accrobranche?
   ____
7. Pourquoi l'escalade naturelle est-elle populaire à Fontainebleau?
   ____
8. Comment le château à Disneyland Paris est-il différent des autres châteaux Disney?
   ____

Nom ______________________ Date ______________________

Unité 1

Leçon 1A

CONTEXTES

1 **Qu'est-ce que c'est?** Read these definitions and write the appropriate word or expression in the spaces provided.

1. C'est un plat typiquement français. On les prépare avec du beurre et de l'ail. Ce sont ______________.
2. C'est un fruit. On boit souvent son jus au petit-déjeuner. C'est ______________.
3. Ce sont des légumes orange et longs. Ce sont ______________.
4. On les utilise pour faire des omelettes. Ce sont ______________.
5. Ce sont de petits légumes verts et ronds. Ce sont ______________.
6. C'est la base d'une salade verte. C'est ______________.
7. C'est un fruit long et jaune. C'est ______________.

2 **Chassez l'intrus** Circle the word that does not belong in each group.

1. une salade, une laitue, une tomate, l'ail
2. le bœuf, le porc, le pâté, le riz
3. un poivron, une carotte, des petits pois, des haricots verts
4. un petit-déjeuner, une pomme de terre, un pâté, les fruits de mer
5. une poire, une pomme, une pêche, un champignon
6. faire les courses, un escargot, un supermarché, une épicerie
7. un déjeuner, un aliment, un repas, un goûter
8. une pomme de terre, une fraise, une poire, une pêche

3 **Au marché** The new employee can't get anyone's order right. Say what each customer asked for and what the employee gave him or her instead.

Modèle

Madeleine / des frites

Madeleine a demandé des frites, mais il lui a donné du pain.

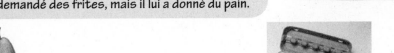

1. Malika / une pêche

____

____

3. Daniel / du pâté

____

____

2. Soraya / une tomate

____

____

4. Raphaël / un poivron rouge

____

____

4 Cherchez

Cherchez In the grid, find eleven more food-related words from the list, looking backward, forward, vertically, horizontally, and diagonally.

- aliment
- cuisiner
- escargot
- fraise
- fruits de mer
- haricots verts
- nourriture
- oignon
- pâté de campagne
- petit-déjeuner
- pomme de terre
- repas

E	E	F	U	T	N	S	C	T	P	V	S	L	S	O
Ç	N	V	R	O	N	U	V	R	G	G	F	R	T	V
C	X	G	N	U	I	E	Y	U	Z	Z	E	N	R	W
Q	V	G	A	S	I	X	M	Y	W	N	E	E	E	N
E	I	T	I	P	Z	T	J	I	U	E	S	K	V	O
O	F	N	D	T	M	G	S	E	L	I	I	L	S	U
R	E	P	A	S	B	A	J	D	P	A	A	P	T	R
R	S	C	I	E	A	É	C	N	E	F	R	F	O	R
X	V	S	Z	G	D	M	A	E	J	M	F	H	C	I
T	H	O	D	T	J	E	A	K	D	O	E	Q	I	T
Q	B	P	I	V	H	N	E	O	I	É	E	R	R	U
F	O	T	T	O	G	R	A	C	S	E	T	W	A	R
X	E	E	N	P	A	E	Y	R	K	I	W	Â	H	E
P	O	M	M	E	D	E	T	E	R	R	E	W	P	Z
X	F	X	B	G	L	L	D	K	D	Z	O	A	Y	E

5 Complétez

Complétez Complete this conversation by choosing the most appropriate words from the list below.

bœuf	escargots	poivrons	tarte
champignons	haricots	salade	thon
cuisiner	poires	supermarché	tomate

FRANCK J'adore la (1) ______________ que tu as préparée. Qu'est-ce que tu utilises?

MARINA De la laitue, une (2) ______________ et des (3) ______________ de Paris.

FRANCK Vraiment? Et tu n'utilises pas de (4) ______________ rouges?

MARINA Non, mais tu peux ajouter (*can add*) du (5) ______________ si tu aimes le poisson. Dis, qu'est-ce que tu vas (6) ______________ pour la fête de la semaine prochaine?

FRANCK Je pensais servir des (7) ______________ pour commencer et puis, comme viande, du (8) ______________ avec des (9) ______________ verts. En dessert, je pensais à une (10) ______________ aux (11) ______________.

MARINA Mmm! Ça a l'air vraiment délicieux. Je vais aller au (12) ______________ et acheter quelque chose à apporter.

FRANCK Merci, c'est gentil.

Nom ______________________ Date ______________________

CONTEXTES: AUDIO ACTIVITIES

1 **Identifiez** Listen to each question and mark an **X** in the appropriate category.

Modèle

You hear: Un steak, qu'est-ce que c'est?
You mark: **X** under **viande**

	viande	poisson	légume(s)	fruit(s)
Modèle	X			
1.				
2.				
3.				
4.				
5.				
6.				
7.				
8.				
9.				
10.				

2 **Quelques suggestions** Listen to each sentence and write the number of each statement under the drawing of the food mentioned.

a. ______

b. ______

c. ______

d. ______

e. ______

f. ______

g. ______

h. ______

3 **Au restaurant** You will hear a couple ordering food in a restaurant. Indicate who orders what by writing an X in the appropriate column.

	Léa	Théo
1. fruits de mer		
2. pâté de campagne		
3. poisson du jour		
4. riz, haricots verts		
5. poulet		
6. frites		

Nom ______ Date ______

LES SONS ET LES LETTRES

e caduc and e muet

In D'ACCORD! Level 1, you learned that the vowel **e** in very short words is pronounced similarly to the *a* in the English word *about*. This sound is called an **e caduc**. An **e caduc** can also occur in longer words and before words beginning with vowel sounds.

recherch**e**r   d**e**voirs   l**e** haricot   l**e** onze

An **e caduc** occurs in order to break up clusters of several consonants.

appart**e**ment   quelqu**e**fois   poivr**e** vert   gouvern**e**ment

An **e caduc** is sometimes called **e muet** (*mute*). It is often dropped in spoken French.

Tu ne sais pas.   Je veux bien!   C'est un livre intéressant.

An unaccented **e** before a single consonant sound is often silent unless its omission makes the word difficult to pronounce.

semaine   petit   finalement

An unaccented **e** at the end of a word is usually silent and often marks a feminine noun or adjective.

fraise   salade   intelligente   jeune

1 **Prononcez** Répétez les mots suivants à voix haute.

1. vendredi
2. logement
3. exemple
4. devenir
5. tartelette
6. finalement
7. boucherie
8. petits pois
9. pomme de terre
10. malheureusement

2 **Articulez** Répétez les phrases suivantes à voix haute.

1. Tu ne vas pas prendre de casquette?
2. J'étudie le huitième chapitre maintenant.
3. Il va passer ses vacances en Angleterre.
4. Marc me parle souvent au téléphone.
5. Mercredi, je réserve dans une auberge.
6. Finalement, ce petit logement est bien.

3 **Dictons** Répétez les dictons à voix haute.

1. L'habit ne fait pas le moine.
2. Le soleil luit pour tout le monde.

4 **Dictée** You will hear six sentences. Each will be said twice. Listen carefully and write what you hear.

1. ______
2. ______
3. ______
4. ______
5. ______
6. ______

Nom ______________________ Date ______________________

Roman-photo

AU SUPERMARCHÉ

Avant de regarder

1 **On fait les courses!** What do you think might happen in a video episode that takes place in a grocery store? What kinds of words and expressions do you expect to hear?

____

____

____

____

____

En regardant la vidéo

2 **Complétez** Watch the first exchange between David and Amina and complete these sentences with the missing words.

AMINA Mais quelle heure est-il?

DAVID Il est (1) ______________.

AMINA Sandrine devait être là à (2) ______________. On l'attend depuis (3) ______________ minutes!

DAVID Elle va arriver!

AMINA Mais pourquoi est-elle (4) ______________?

DAVID Elle vient peut-être juste (5) ______________ de la fac.

3 **La nourriture** Check off the foods that are mentioned in the video.

- ❑ 1. les bananes
- ❑ 2. le bœuf
- ❑ 3. les carottes
- ❑ 4. les fraises
- ❑ 5. les œufs
- ❑ 6. les champignons
- ❑ 7. les fruits de mer
- ❑ 8. les haricots verts
- ❑ 9. les oignons
- ❑ 10. les oranges
- ❑ 11. les pommes de terre
- ❑ 12. le porc
- ❑ 13. les poulets
- ❑ 14. le riz
- ❑ 15. les tomates

Nom ______________________ Date ______________________

4 **Qu'est-ce qu'on va manger?** Listen to Sandrine describe the recipes for the dishes she is considering. Write down the ingredients she mentions for each one.

Les crêpes

____
____
____
____
____
____

Le bœuf bourguignon

____
____
____

Le poulet à la crème

____
____
____
____

5 **Qui...?** Indicate which character says each of these lines. Write **A** for Amina, **D** for David, **S** for Sandrine, or **St** for Stéphane.

_______ 1. Qu'est-ce qu'on peut apporter?

_______ 2. Je suis vraiment pressée!

_______ 3. Tu vas nous préparer un bon petit repas ce soir.

_______ 4. Bon, on fait les courses?

_______ 5. Génial, j'adore les crêpes!

_______ 6. Voilà exactement ce qu'il me faut pour commencer!

_______ 7. Tu peux devenir chef de cuisine si tu veux!

_______ 8. C'est nous qui payons!

Après la vidéo

6 **Vrai ou faux?** Indicate whether these statements are **vrai** or **faux**.

	Vrai	Faux
1. On doit (*should*) arriver pour le repas chez Sandrine à 8h00.	❍	❍
2. Valérie va apporter une salade.	❍	❍
3. Sandrine va préparer un bœuf bourguignon.	❍	❍
4. Les provisions coûtent 165 euros.	❍	❍
5. Sandrine va préparer un repas pour six personnes.	❍	❍
6. Amina et David paient.	❍	❍

7 **À vous!** Answer these questions in French in complete sentences.

1. Qui fait les courses chez vous?

   ____
   ____

2. Où va cette personne pour acheter de la nourriture?

   ____
   ____

3. Qu'est-ce qu'elle achète normalement au supermarché? En général, combien est-ce qu'elle paie au supermarché?

   ____
   ____

Nom ______________________ Date ______________________

Flash culture

LA NOURRITURE

Avant de regarder

1 **Qu'est-ce qu'on achète?** In this video, you are going to learn about the way that some French people do their shopping: at an open-air market. Make a list of five things you think you could buy there and five things you think you couldn't.

On peut acheter...	On ne peut pas acheter...

2 **La nourriture** You will see and hear descriptions of fruits, vegetables, and other foods at a French market. In preparation, circle the statements that best describe your tastes.

1. J'aime / Je n'aime pas les légumes.
2. J'aime / Je n'aime pas les fruits.
3. J'aime mieux les saucisses / le jambon.
4. Je mange peu de / assez de / beaucoup de fromage.
5. J'aime / Je n'aime pas les fruits de mer.
6. J'aime / Je n'aime pas le poisson.
7. Je mange peu de / assez de / beaucoup de pain.
8. Je mange peu de / assez de / beaucoup de légumes.

En regardant la vidéo

3 **Qu'est-ce qu'il y a?** Check off the eleven items that you see in the video.

- ❑ 1. des bananes
- ❑ 2. des carottes
- ❑ 3. des champignons
- ❑ 4. des fleurs
- ❑ 5. du fromage
- ❑ 6. des fruits de mer
- ❑ 7. du jambon
- ❑ 8. des melons
- ❑ 9. des oignons
- ❑ 10. du pain
- ❑ 11. des pâtes
- ❑ 12. des poivrons verts
- ❑ 13. des poulets
- ❑ 14. des saucisses
- ❑ 15. des tomates

Nom ______________________ Date ______________________

4 **Répondez** Complete these sentences with words from the list according to what Csilla says in the video.

délicieuses	légumes	pique-nique
fleurs	marché	place
fromages	pain	tomates

1. Ici, c'est la ______________ Richelme.
2. Tous les matins, il y a un ______________ aux fruits et légumes.
3. Il y a toutes sortes de ______________ ici.
4. Ces ______________ sentent tellement bon.
5. Ces fraises ont l'air ______________.
6. Sur les marchés, on vend des ______________. Moi, j'adore.
7. Je vais acheter deux ou trois petites choses pour préparer un ______________.
8. Et bien sûr, n'oublions pas le ______________.

Après la vidéo

5 **Au marché** Imagine you just went shopping at the market in Aix. Write a brief paragraph about your experience. Remember to use the **imparfait** to describe the scene and the **passé composé** to tell what you bought and what you did.

Nom ______________________ Date ______________________

STRUCTURES

1A.1 The verb venir, the passé récent, and time expressions

1 **Hier et aujourd'hui** Fill in the blanks with the correct form of the verb **venir (de)**. Pay particular attention to the cues and the context to determine whether you should use the infinitive, the present tense, the **passé composé**, or the **imparfait**.

Quand j'étais plus jeune, je (1) ______________ souvent ici pour rendre visite à mes grands-parents parce qu'ils habitent à côté du parc. Ils (2) ______________ me chercher à l'école et on allait faire une promenade dans le parc. Un jour, je (3) ______________ à vélo: je (4) ______________ recevoir un nouveau vélo pour mon anniversaire. J'aimais beaucoup (5) ______________ ici en ce temps-là parce que mes grands-parents (6) ______________ transformer une chambre en salle de jeux. Maintenant je (7) ______________ parfois après le lycée et ma famille et moi, nous (8) ______________ les voir (*to see*) le dimanche.

2 **On avait faim!** You and your friends were very hungry today. Say what everyone has just eaten using the cues provided.

Modèle

Karim et Nadia: **Karim et Nadia viennent de manger des champignons.**

1. 2. 3. 4.

1. Sonia: ______________
2. Vous: ______________
3. Tu: ______________
4. Thomas et Sylvia: ______________

3 **La bibliothèque** Fill in each blank with a correct form of the verb **venir, venir de, devenir, revenir,** or **tenir**. You will need to use a variety of tenses.

1. Quand nous ______________ de vacances il y a quelques semaines, la bibliothèque était toujours fermée (*closed*).
2. Je ______________ interviewer le directeur du lycée ce matin, à 9h00.
3. Le directeur a annoncé que la bibliothèque avait tellement de (*so many*) problèmes de fondation (*structure*) qu'elle ______________ dangereuse pour les élèves.
4. ______________, prenez la section des livres étrangers. C'est une catastrophe!
5. Ce matin, le directeur du lycée ______________ annoncer qu'il a reçu beaucoup d'argent pour la réparation de la bibliothèque.
6. La bibliothèque va ______________ la plus grande du lycée.

4 **Souvenirs de Sénégal** Soulimane is talking about his life since he left Sénégal. Write complete sentences with the elements provided. Use the cues and the context to determine whether you should use the present or the **passé composé**.

1. je / étudier / à Dakar / pendant trois ans
   ____
2. je / décider / de venir ici / il y a quatre ans
   ____
3. je / habiter / ici / depuis deux ans
   ____
4. je / ne pas retourner / chez moi, au Sénégal, / depuis l'été dernier
   ____
5. je / ne pas parler avec / mes amis d'enfance / depuis ma dernière visite
   ____
6. mes amis / promettre / de venir me rendre visite / depuis mon départ
   ____
7. nous / choisir / la date de leur visite / il y a deux mois déjà
   ____
8. mon nouveau copain / apprendre le wolof / pendant le semestre dernier
   ____

5 **L'entretien** You have applied for an exchange program and you need to prepare for the coming interview. Answer the sample questions using the cues provided. Be sure to use the correct verb tense.

1. Depuis combien de temps étudiez-vous le français? (quatre ans)
   ____
2. Quand avez-vous entendu parler de notre programme? (il y a deux mois)
   ____
3. Pendant combien de temps étudiez-vous chaque jour? (plusieurs heures)
   ____
4. Pendant combien de temps avez-vous habité dans un pays francophone? (un mois)
   ____
5. Quand avez-vous décidé de partir en France? (il y a un mois)
   ____
6. Depuis combien de temps attendez-vous votre entretien (*interview*)? (une demi-heure)
   ____

Nom ____________________ Date ____________________

1A.1 The verb **venir**, the **passé récent**, and time expressions (audio activities)

1 **Identifiez** Listen to each sentence and decide whether the verb is in the near future or recent past. Mark an X in the appropriate column.

Modèle

You hear: Pierre vient d'aller au marché.
You mark: an **X** under *passé récent*

	passé récent	futur proche
Modèle	X	
1.		
2.		
3.		
4.		
5.		
6.		
7.		
8.		

2 **Changez** Change each sentence from the **passé composé** to the **passé récent** using the correct form of **venir de**. Repeat the correct answer after the speaker. (*6 items*)

Modèle

Éric et Mathilde sont allés en Corse.
Éric et Mathilde viennent d'aller en Corse.

3 **Répondez** Use the **passé récent** to answer each question you hear. Repeat the correct response after the speaker. (*5 items*)

Modèle

Tu vas téléphoner à Martin?
Je viens de téléphoner à Martin.

Nom ______________________ Date ______________________

1A.2 The verbs devoir, vouloir, pouvoir

1 **Que se passe-t-il?** You are trying to see if your friends want to go to the French film festival. Complete the sentences with the present-tense forms of the verbs in parentheses.

1. Jean ______________ (ne pas vouloir) venir parce qu'il ______________ (devoir) préparer l'examen de maths.
2. Thao et Jun ______________ (vouloir) venir, mais ils ______________ (ne pas pouvoir) rester longtemps.
3. Mathilde me ______________ (devoir) de l'argent et elle ______________ (devoir) faire des courses.
4. Vous ______________ (bien vouloir) venir, mais vous ______________ (devoir) rentrer tôt.
5. Tu ______________ (pouvoir) venir et tu ______________ (vouloir) inviter ta meilleure amie.
6. Ils ______________ (devoir) rester ici parce qu'ils ______________ (vouloir) finir leurs devoirs.

2 **Ce matin** Here is the account of what happened this morning to Nadine's older sister, Farida. Complete the paragraph by choosing the correct option from those in parentheses.

Je (1) ______________ (devais / pouvais) faire des courses ce matin au supermarché, mais je (2) ______________ (n'ai pas dû / n'ai pas pu) y aller parce que ma sœur était malade. J' (3) ______________ (ai dû / ai pu) rester avec elle. Elle (4) ______________ (n'a pas dû / n'a pas voulu) appeler le docteur. Elle n'aime pas les médecins. Heureusement, j' (5) ______________ (ai pu / ai voulu) cuisiner une bonne soupe pour elle. Elle (6) ______________ (a bien dû / a bien voulu) la manger. Après, elle (7) ______________ (devait / a pu) dormir pendant quelques heures. Je pense qu'elle (8) ______________ (a dû / devoir) trop travailler.

3 **Les hypothèses** Look at the pictures and tell what the people must have done or what they must do. Use the expressions from the list.

Modèle

être amies *Elles doivent être amies.*

faire du sport
regarder un film amusant
regarder avant de traverser (*to cross*) la rue
revenir de vacances

1. 2. 3. 4.

1. ____
2. ____
3. ____
4. ____

Nom ______________________ Date ______________________

4 **Les absents** Many students were missing from your French class today. You are now trying to find out why. Create sentences with the elements provided to say what must have happened.

1. Laëtitia / devoir / partir / à 7h00 / pour rendre visite à ses grands-parents
____
2. Marc / devoir / venir / mais / il / être malade
____
3. Charlotte et Vincent / devoir / faire un exposé (*presentation*) / mais / ils / ne pas étudier
____
4. vous / ne pas vouloir / venir / parce que / vous / être fatigués
____
5. elles / ne pas pouvoir / arriver à l'heure / parce que / le train / être / en retard
____
6. tu / vouloir / venir / mais / tu / ne pas entendre / le réveil (*alarm clock*)
____
7. Hakhmed / pouvoir / venir / mais / il / oublier
____
8. Karine / vouloir / venir / mais / elle / manquer le bus (*miss the bus*)
____

5 **Le repas** You are talking with friends about food, cooking, and dinner parties. Here are some of the questions they ask you. Answer using the cues provided.

1. Que veut dire «aliment»? («nourriture»)
____
2. Qu'est-ce que tu dois faire avant de cuisiner? (faire les courses)
____
3. Qu'est-ce qui doit être délicieux? (les fruits)
____
4. Qu'est-ce que vous avez dû oublier d'acheter? (des oignons)
____
5. Qui a dû trop manger hier? (Fatima et Karim)
____
6. Qui n'a pas voulu manger d'escargots? (Marc)
____
7. Est-ce qu'ils veulent bien dîner avec Chloé? (oui)
____
8. Quand pouvons-nous manger? (à 7h00)
____

Nom ______________________ Date ______________________

1A.2 The verbs devoir, vouloir, pouvoir (audio activities)

1

Changez Form a new sentence using the cue you see as the subject. Repeat the correct answer after the speaker. (*6 items*)

Modèle

You hear: Je veux apprendre le français.
You see: Mike et Sara
You say: Mike et Sara veulent apprendre le français.

1. vous 2. nous 3. mes parents 4. Aline 5. tu 6. je

2

Répondez Answer each question you hear using the cue you see. Repeat the correct response after the speaker.

Modèle

You hear: Quand est-ce que tu peux cuisiner le repas?
You see: 7h du soir
You say: Je peux cuisiner le repas à 7h du soir.

1. à midi
2. des légumes
3. acheter des œufs
4. vouloir manger des escargots
5. au marché
6. le steak

3

La fête Listen to the following description. Then read the statements and decide whether they are vrai or faux.

	Vrai	Faux
1. Madeleine est heureuse de pouvoir aller à l'anniversaire de Sophie.	❍	❍
2. Elle n'a pas voulu dire à Sophie qu'elle était fatiguée.	❍	❍
3. Elle a pu parler à Sophie dans l'après-midi.	❍	❍
4. Sophie a invité qui elle voulait.	❍	❍
5. Sophie et ses amis peuvent danser toute la nuit.	❍	❍
6. Madeleine doit organiser la musique chez Sophie.	❍	❍

4

Complétez Madame Jang is at her neighbor's house. Listen to what she says and write the missing words.

Bonjour, excusez-moi, est-ce que (1) ______________ utiliser votre téléphone, s'il vous plaît? (2) ______________ appeler un taxi immédiatement. Ma famille et moi, (3) ______________ partir tout de suite chez ma belle-mère. La situation est assez grave. (4) ______________ donner à manger à notre chat quelques jours? Mon mari et moi, (5) ______________ revenir au plus vite. Les enfants (6) ______________ retourner à l'école la semaine prochaine et mon mari ne (7) ______________ pas être absent de son bureau plus d'une semaine, mais nous ne (8) ______________ pas vous donner de date précise. Si vous ne (9) ______________ pas donner à manger à notre chat tous les jours, (10) ______________ aussi demander à un autre voisin de venir.

Nom ______________________ Date ______________________

Unité 1

Leçon 1B

CONTEXTES

1 **Qu'est-ce que c'est?** Look at this illustration and label the numbered items.

1. Une assiette
2. Une fourchette
3. Une cuillère
4. Un couteau
5. Une serviette
6. Un pichet

2 **Dans quels magasins?** Where can you buy these items? Fill in this chart with words from the list.

une baguette	un éclair	un gâteau	du pâté	une saucisse
du bœuf	des fruits de mer	du jambon	du porc	un steak
un croissant		du pain	un poulet	du thon

à la boucherie	à la boulangerie	à la charcuterie	à la pâtisserie	à la poissonnerie
porc	baguette	saucisse	éclair	fruits de mer
poulet	pain	steak	croissant	thon
jambon	croissant	pâté	gâteau	
boeuf				

Nom ______________________ Date ______________________

3 **Chassez l'intrus** Circle the word that does not belong in each group.

1. la crème, l'huile, la mayonnaise, être au régime
2. une boîte, une entrée, un hors-d'œuvre, un plat
3. une charcuterie, une boucherie, une poissonnerie, une pâtisserie
4. un morceau, un menu, un kilo, une tranche
5. le sel, le poivre, la nappe, la moutarde
6. un bol, un couteau, une fourchette, une cuillère
7. un menu, commander, une carte, une serviette
8. une nappe, une serviette, une tranche, une carafe

4 **Le repas** Complete these sentences with words from the list. Not all the words will be used.

À table	une carte	une cuillère	une pâtisserie
une boîte de conserve	commander	une entrée	régime
	compris	une nappe	une serviette

1. Avant de manger, les parents disent toujours « ______________________ ».
2. Pour protéger la table, on met ______________________.
3. Pour m'essuyer la bouche (*mouth*) après le repas, j'ai besoin d' ______________________.
4. On commence le repas avec ______________________.
5. Pour manger de la soupe, j'ai besoin d' ______________________.
6. Pour finir le repas, on peut manger ______________________.
7. S'il n'y a pas de légumes frais, on peut utiliser ______________________.
8. Demain, au restaurant, je vais ______________________ du thon.
9. Au restaurant, le service est ______________________, n'est-ce pas?
10. J'aime beaucoup manger. Heureusement que je ne suis pas au ______________________.

5 **Au restaurant** Complete these conversations in a restaurant with the appropriate words or expressions.

1. —Voici (a) ______________________, Madame.
   —Merci.
   —Voulez-vous commencer par (b) ______________________?
   —Non, merci.
   —Qu'est-ce que vous allez boire?
   —Juste (*Only*) (c) ______________________, s'il vous plaît.
2. —Tenez, faites attention. (d) ______________________ est très chaude.
   —Merci. Est-ce que je peux avoir de (e) ______________________ de Dijon et quelques (f) ______________________ de pain ?
   —Oui, bien sûr.
3. —Mademoiselle, excusez-moi. Est-ce que je peux avoir (g) ______________________ pour ma viande?
   —Oui, bien sûr. Tout de suite. Autre chose?
   —(h) ______________________ et du poivre, s'il vous plaît.

Nom ______________________ Date ______________________

CONTEXTES: AUDIO ACTIVITIES

1 **Logique ou illogique?** Listen to each statement and indicate whether they are **logique** or **illogique**.

	Logique	Illogique
1.	❍	❍
2.	❍	❍
3.	❍	❍
4.	❍	❍
5.	❍	❍
6.	❍	❍
7.	❍	❍
8.	❍	❍

2 **Choisissez** Listen to each statement and choose the option that completes it logically.

1. a. Il la goûte.
   b. Il la débarrasse.
2. a. Nous achetons un poivron.
   b. Nous achetons du pâté de campagne.
3. a. Le serveur la vend.
   b. Le serveur l'apporte.
4. a. avec une fourchette.
   b. avec une cuillère.
5. a. dans un verre.
   b. dans un bol.
6. a. une cuillère de sucre.
   b. de la mayonnaise.

3 **À table!** Céline has set the table for dinner. Listen to the description, then write down what she has put on the table and what she has forgotten.

1. Céline a mis ____

____

2. Céline a oublié ____

____

Nom ______________________ Date ______________________

LES SONS ET LES LETTRES

Stress and rhythm

In French, all syllables are pronounced with more or less equal stress, but the final syllable in a phrase is elongated slightly.

Je fais souvent du **sport**, mais aujourd'hui j'ai envie de rester à la mai**son**.

French sentences are divided into three basic kinds of rhythmic groups.

Noun phrase	*Verb phrase*	*Prepositional phrase*
Caroline et Dominique	sont venues	chez moi.

The final syllable of a rhythmic group may be slightly accentuated either by rising intonation (pitch) or elongation.

Caroline et Dominique sont venues chez moi.

In English, you can add emphasis by placing more stress on certain words. In French, you can repeat the word to be emphasized by adding a pronoun or you can elongate the first consonant sound.

Je ne sais pas, **moi**. Quel **id**iot! C'est **f**antastique!

1 **Prononcez** Répétez les phrases suivantes à voix haute.

1. Ce n'est pas vrai, ça.
2. Bonjour, Mademoiselle.
3. Moi, je m'appelle Florence.
4. La clé de ma chambre, je l'ai perdue.
5. Je voudrais un grand café noir et un croissant, s'il vous plaît.
6. Nous allons tous au marché, mais Marie, elle, va au centre commercial.

2 **Articulez** Répétez les phrases en mettant l'emphase sur les mots indiqués.

1. C'est *impossible*!
2. Le film était *super*!
3. Cette tarte est *délicieuse*!
4. Quelle idée *extraordinaire*!
5. Ma sœur parle *constamment*.

3 **Dictons** Répétez les dictons à voix haute.

1. Les chemins les plus courts ne sont pas toujours les meilleurs.
2. Le chat parti, les souris dansent.

4 **Dictée** You will hear six sentences. Each will be said twice. Listen carefully and write what you hear.

1. ______________________
2. ______________________
3. ______________________
4. ______________________
5. ______________________
6. ______________________

Nom _______________ Date _______________

Roman-photo

LE DÎNER

Avant de regarder

1 **Un repas sympa** This video episode takes place at Sandrine's place, where she has prepared a special meal for her friends. What words and expressions do you expect to hear before and during a meal?

____

____

____

____

____

____

____

____

En regardant la vidéo

2 **Qui...?** Watch the scenes leading up to the dinner. Indicate which character says each of these lines. Write **D** for David, **R** for Rachid, or **S** for Sandrine.

_______ 1. Qu'est-ce que tu as fait en ville aujourd'hui?

_______ 2. Ah, tu es jaloux?

_______ 3. Il ne fallait pas, c'est très gentil!

_______ 4. J'espère qu'on n'est pas trop en retard.

_______ 5. Venez! On est dans la salle à manger.

_______ 6. Je ne savais pas que c'était aussi difficile de choisir un bouquet de fleurs.

_______ 7. Tu es tombé amoureux?

_______ 8. Vous pouvez finir de mettre la table.

3 **Assortissez-les** Match these images with their captions.

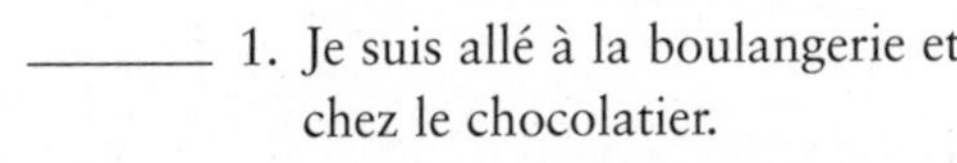

_______ 1. Je suis allé à la boulangerie et chez le chocolatier.

_______ 2. Tiens, c'est pour toi.

_______ 3. Est-ce qu'on peut faire quelque chose pour t'aider?

_______ 4. Je vous sers autre chose? Une deuxième tranche de tarte aux pommes peut-être?

_______ 5. À Sandrine, le chef de cuisine le plus génial!

_______ 6. Moi, je veux bien!

a. 

b. 

c. 

d. 

e. 

f. 

Nom ______________________ Date ______________________

4 **Qu'est-ce qui s'est passé?** In what order do these events occur in the video?

_____ a. On prend du poulet aux champignons.
_____ b. On met la table.
_____ c. David cherche un cadeau pour Sandrine.
_____ d. Rachid et David arrivent chez Sandrine.
_____ e. Rachid rencontre David en ville.

Après la vidéo

5 **Descriptions** Indicate which person each statement describes.

_____ 1. Il/Elle aide dans la cuisine.
a. Rachid b. David c. Stéphane d. Sandrine e. Valérie f. Amina

_____ 2. Il/Elle donne des chocolats à Sandrine.
a. Rachid b. David c. Stéphane d. Sandrine e. Valérie f. Amina

_____ 3. Il/Elle donne des fleurs à Sandrine.
a. Rachid b. David c. Stéphane d. Sandrine e. Valérie f. Amina

_____ 4. Il/Elle met le sel et le poivre sur la table.
a. Rachid b. David c. Stéphane d. Sandrine e. Valérie f. Amina

_____ 5. Il/Elle met les verres sur la table.
a. Rachid b. David c. Stéphane d. Sandrine e. Valérie f. Amina

_____ 6. Il/Elle est au régime.
a. Rachid b. David c. Stéphane d. Sandrine e. Valérie f. Amina

6 **Expliquez** Answer these questions in French.

1. Pourquoi est-ce que David ne choisit pas les roses comme cadeau pour Sandrine?

____

____

2. Pourquoi est-ce que David ne choisit pas les chrysanthèmes comme cadeau pour Sandrine?

____

____

3. Pourquoi est-ce que David ne choisit pas le vin comme cadeau pour Sandrine?

____

____

7 **À vous!** Imagine that you have been invited to a French friend's home for dinner. What will you bring as a gift for your host or hostess? Explain your choice in French.

____

____

____

____

____

____

Nom ______________________ Date ______________________

STRUCTURES

1B.1 Comparatives and superlatives of adjectives and adverbs

1 **Les achats** Margot is new in town and she doesn't know where to shop. To help her reach a decision, she is comparing the supermarket to her local grocery store. Choose the correct word from those in parentheses to compare the different items.

1. Le supermarché est plus grand ______________ (de / que / plus / moins) l'épicerie.
2. L'épicerie a une ______________ (plus / de / moins / meilleur) grande sélection que le supermarché.
3. Je pense quand même que le service est ______________ (plus / mal / meilleur / que) à l'épicerie. Le commerçant connaît mon nom.
4. Les fruits sont ______________ chers à l'épicerie ______________ (plus … qu' / moins … de / meilleur … qu' / meilleures … qu') au supermarché.
5. L'épicerie est le magasin ______________ (le plus / plus / moins / le mieux) petit du quartier.
6. L'épicerie est ______________ (mal / bien / aussi / pire) fréquentée que le supermarché.
7. Le supermarché est moins cher ______________ (que / de / plus / mal) l'épicerie.
8. L'épicerie est le magasin ______________ (plus / moins / mieux / le plus) proche de mon appartement.

2 **L'université** Your friend is telling you about her experiences at a university in Tunisia and at her university here. Fill in the blanks with words from the list. Use each word only once.

aussi	facilement	longtemps	mieux	que/qu'
bien	la plus	meilleur(e)	pays	Tunisie

L'Université de Tunis est (1) aussi grande que celle-ci. Chacune a près de 30.000 étudiants. Cependant, l'Université de Tunis n'est pas (2) la plus grande du (3) Pays. C'est celle de Tunis El Manar. Ici, les étudiants ont plus (4) facilement un travail qu'en (5) Tunisie, mais ils étudient aussi (6) longtemps. J'aime (7) mieux l'Université de Tunis, mais j'aime (8) bien l'université ici. La vie ici est plus facile (9) qu' en Tunisie. Néanmoins (*However*), beaucoup de mes amis tunisiens pensent que la vie en Tunisie est (10) meilleure.

Nom ______________________ Date ______________________

3 **Ma famille** Your friend Thao is telling you about her family. Compare your family to hers. Write sentences based on the elements provided.

1. La famille de Thao est petite. Ma famille est petite aussi.
   la famille de thao est aussi petite que ma fa
2. Thao a un frère. J'ai deux frères.
   Thao a moins de frères que moi.
3. La grand-mère de Thao a 80 ans. Ma grand-mère a 86 ans.
   ma grandmère a plus âgée que thao.
4. Thao mesure 1m69. Je mesure 1m69.
   Je suis aussi grande que Thao
5. Thao a les cheveux longs. J'ai les cheveux courts.
   Thao a les cheveux plus longs que moi
6. La maison de Thao a huit pièces. Ma maison a cinq pièces.
   ____
7. Les parents de Thao boivent du café une fois par jour. Mes parents boivent du café trois fois par jour.
   plus souvent du café que les parents d
8. La famille de Thao est très heureuse. Ma famille est très heureuse.
   ____

4 **Comparez** Look at these pictures and write as many comparisons as possible using the adjectives or verbs provided. Use the comparative and superlative forms.

1. (grand) 2. (sportif) 3. (manger vite) 4. (courir rapidement)

1. ______________________
2. ______________________
3. ______________________
4. ______________________

Nom ______________________ Date ______________________

1B.1 Comparatives and superlatives of adjectives and adverbs (audio activities)

1 **Vrai ou faux?** You will hear a series of descriptions about Luc and his brother Paul. Indicate whether each statement is **vrai** or **faux**.

	Vrai	Faux
1. Luc est plus jeune que Paul.	❍	❍
2. Luc joue mieux que Paul.	❍	❍
3. Luc regarde la télé aussi souvent que Paul.	❍	❍
4. Luc est moins actif que Paul.	❍	❍
5. Luc étudie plus sérieusement que Paul.	❍	❍
6. Luc sort plus souvent que Paul.	❍	❍

2 **Préférences** Listen to Nasser give his opinion on different topics. For each opinion he gives, circle the item or person he thinks is better.

1. a. Martin — b. Tristan
2. a. Catherine — b. son frère
3. a. le livre — b. le film
4. a. la soupe — b. la salade
5. a. sa mère — b. son père
6. a. les poires — b. les pêches

3 **Comparez** Look at each drawing and answer the question you hear with a comparative statement. Repeat the correct response after the speaker.

1. Mario, Lucie

2. François, Léo

3. Alice, Joséphine

4 **Répondez** Answer each statement you hear using the absolute superlative. Repeat the correct response after the speaker. (*6 items*)

Modèle

Les magasins sur cette avenue sont très chers.

Oui, les magasins sur cette avenue sont les plus chers.

Nom ______________________ Date ______________________

1B.2 Double object pronouns

1 **Au restaurant** Here are some statements you overheard at a restaurant. Match the underlined pronouns with the nouns they might refer to.

b 1. Je vous la recommande.
f 2. Apporte-le-moi.
a 3. Je viens de le lui montrer.
e 4. Il nous les a commandées.
c 5. Donne-la-lui.
d 6. Je vais le leur servir.

a. à Jacques; le menu
b. à vous; la soupe
c. à Mme Colbert; la serviette
d. à Bertrand et Sabine; le café
e. à nous; les entrées
f. à moi; le sel

2 **Les plats** You and your friends are trying to plan your meals before going grocery shopping. Rewrite each sentence, replacing the direct objects with direct object pronouns.

1. Lundi, Caroline me prépare ses fameux escargots. Lundi, Caroline me les prépare.
2. Mardi, Fatima t'offre le déjeuner. Mardi, Fatima te l'offre.
3. Mardi, Nadine lui apporte le dîner. " Nadine le lui apporte.
4. Mercredi, Nordine nous cuisine ses fruits de mer à la crème. Nordine nous les cuisine
5. Jeudi, Marc vous donne sa salade de champignons. ______________________
6. Vendredi, Mélanie leur prépare sa soupe de légumes. ______________________
7. Samedi, vous nous donnez vos fruits. ______________________
8. Dimanche, ils lui font les courses. ______________________

3 **Les souvenirs d'école** Samir and his friends are studying and reminiscing about their school days. Complete this conversation with the appropriate pronouns.

NICHOLAS Est-ce que tes profs donnaient directement les résultats des examens aux parents?

DANIELLE Non, ils ne (1) les leurs donnaient pas directement, mais ils nous les donnaient parce que nous les demandions. Et toi, dans ta classe, le prof de maths expliquait l'algèbre aux élèves en difficulté?

NICHOLAS Oui, il (2) le leur expliquait. Moi, je le comprenais facilement. J'ai toujours aimé les maths.

MARC Pas moi. Dis, est-ce que tu connais le résultat de cette équation?

NICHOLAS Oui.

MARC Donne- (3) le-moi, alors.

NICHOLAS Non, c'est à toi de le trouver tout seul. Tu apportais les devoirs à tes amis malades?

DANIELLE Oui, je (4) les leur apportais toujours.

MARC Ce n'est pas vrai. Tu ne (5) me les as jamais apportés!

DANIELLE Bien sûr. Tu habitais trop loin!

Nom ______________________ Date ______________________

4 **Qui le fait?** Use the cues provided to say who is buying what. Use double object pronouns in your sentences.

Modèle

tu / acheter / les légumes / à Fabien et Bénédicte
Tu les leur achètes.

1. je / acheter / les fruits / à Marc
____
2. Marc et Mélanie / aller acheter / les poivrons rouges / à nous
____
3. tu / aller prendre / les fruits de mer / à Nordine
____
4. vous / prendre / le thon / à elle
____
5. Farida / acheter / l'huile d'olive / à vous
____
6. ils / aller acheter / les œufs / à Marc
____
7. je / prendre / la crème / à toi
____
8. nous / acheter / la laitue / à vous
____

5 **Les vacances** You are preparing a family vacation in Europe. Rewrite these sentences using two pronouns. Pay particular attention to the agreement of the past participle.

1. L'agence de voyages a envoyé les billets d'avion à mes parents.
____
2. Mes parents ont acheté de grandes valises rouges à ma sœur et à moi.
____
3. Nous avons demandé nos visas aux différents consulats.
____
4. J'ai donné mon appareil photo numérique (*digital camera*) à mon père.
____
5. Je vais apporter le cadeau que j'ai acheté à mon correspondant français.
____
6. J'ai proposé la visite des châteaux de la Loire à mes parents.
____
7. Mon amie a prêté son caméscope à ma sœur.
____
8. Mes grands-parents ont offert le Guide du Routard à mes parents.
____

1B.2 Double object pronouns (audio activities)

1

Choisissez Listen to each statement and choose the option that correctly restates it using double object pronouns.

1. a. Elle la lui a demandée. b. Elle le lui a demandé.
2. a. Il la lui a apportée. b. Il les lui a apportées.
3. a. Il le lui a décrit. b. Il le leur a décrit.
4. a. Il vous la prépare. b. Il vous le prépare.
5. a. Il les lui a demandées. b. Il la lui a demandée.
6. a. Ils vont le lui laisser. b. Ils vont les lui laisser.

2

Complétez Magali is talking to her friend Pierre about a party. Listen to what they say and write the missing words.

MAGALI Jeudi prochain, c'est l'anniversaire de Jennifer et je veux lui faire une fête surprise. Elle travaille ce jour-là, alors je (1) ______ pour samedi.

PIERRE C'est une très bonne idée. Ne t'inquiète pas, je ne vais pas (2) ______. Si tu veux, je peux l'emmener au cinéma pendant que tu prépares la fête.

MAGALI D'accord. Julien m'a donné quelques idées pour la musique et pour les boissons. Il (3) ______ quand nous avons parlé hier soir.

PIERRE Super! Tu as pensé au gâteau au chocolat? Je peux (4) ______. C'est ma spécialité!

MAGALI Merci, c'est vraiment gentil. Jennifer adore le chocolat, elle va l'adorer!

PIERRE Et pour le cadeau?

MAGALI Je vais (5) ______ cet après-midi. Elle m'a parlé d'une jupe noire qu'elle aime beaucoup dans un magasin près de chez moi. Je vais (6) ______.

PIERRE Tu as raison, le noir lui va bien.

MAGALI Bon, je pars faire mes courses. À plus tard!

PIERRE À samedi, Magali!

3

Changez Repeat each statement replacing the direct and indirect object nouns with pronouns. Repeat the correct answer after the speaker. (6 *items*)

Modèle

J'ai posé la question à Michel.
Je la lui ai posée.

4

Répondez Answer the questions using double object pronouns according to the cues you hear. Repeat the correct answer after the speaker. (6 *items*)

Modèle

Vous me servez les escargots? (non)
Non, je ne vous les sers pas.

Nom ______________________ Date ______________________

Unité 1

PANORAMA

Savoir-faire

1 **Où ça?** Complete these sentences with the correct information.

1. L'église du ______________________ est un centre de pèlerinage depuis 1.000 ans.
2. À ______________________, en Bretagne, il y a 3.000 menhirs et dolmens.
3. La maison de Claude Monet est à ______________________, en Normandie.
4. Les crêpes sont une spécialité culinaire de ______________________.
5. Le camembert est une spécialité culinaire de ______________________.
6. ______________________ est une station balnéaire de luxe.

2 **Qu'est-ce que c'est?** Label each image correctly.

1. ______________________

2. ______________________

3. ______________________

4. ______________________

3 **Vrai ou faux?** Indicate whether each statement is **vrai** or **faux**. Correct the false statements.

1. C'est au Mont-Saint-Michel qu'il y a les plus grandes marées du monde.
____
2. Le Mont-Saint-Michel est une presqu'île.
____
3. Le Mont-Saint-Michel est un centre de pèlerinage.
____
4. Le camembert est vendu dans une boîte ovale en papier.
____
5. Claude Monet est un maître du mouvement impressionniste.
____
6. Claude Monet est le peintre des «Nymphéas» et du «Pont chinois».
____
7. Il y a 300 menhirs et dolmens à Carnac.
____
8. Les plus anciens menhirs datent de 4.500 ans avant J.-C.
____

4 **Répondez** Answer these questions in complete sentences.

1. Où est Carnac?

____

2. Que sont les menhirs?

____

3. Comment sont disposés (*positioned*) les menhirs?

____

4. Quelle est la fonction des menhirs? Et des dolmens?

____

5. À quoi est associée la fonction des menhirs?

____

6. À quoi est associée la fonction des dolmens?

____

5 **Les mots croisés** Use the clues below to complete this crossword puzzle.

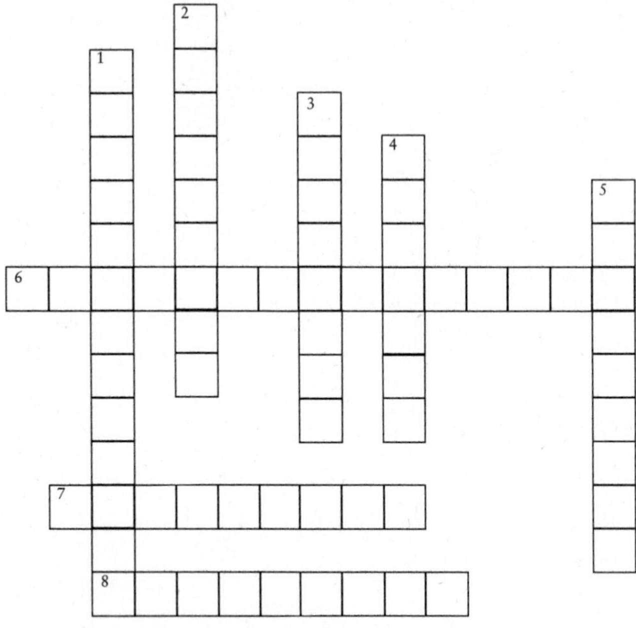

1. À Deauville, il y a un festival du...
2. C'est le nom d'un fromage.
3. On peut manger des crêpes dans une...
4. C'est le nom d'un lieu où il y a des falaises.
5. C'est la région qui a la plus grande population.
6. C'est le nom d'une célèbre femme écrivain.
7. Deauville est une station...
8. C'est un type d'énergie produite en Normandie.

Nom ______________________ Date ______________________

Unité 2

CONTEXTES

Leçon 2A

1 **Les photos** Write the actions depicted in these photos. Use the infinitive form of each verb.

Modèle

se maquiller

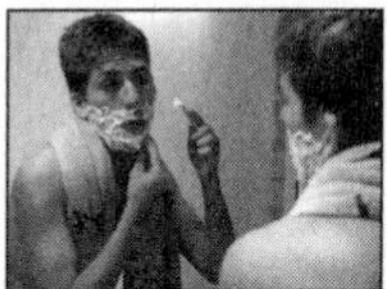

1. ______________

2. ______________

3. 

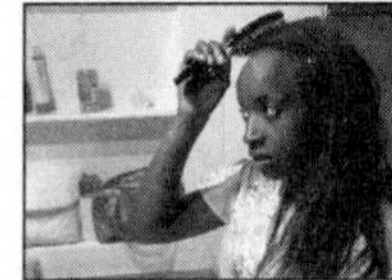

4. ______________

5. ______________

2 **Chassez l'intrus** Circle the item that doesn't belong in each set.

1. la joue, le rasoir, les dents
2. les mains, la tête, le peigne
3. un pied, une oreille, un orteil
4. se regarder, s'endormir, se coucher
5. s'habiller, se déshabiller, se sécher
6. le shampooing, la pantoufle, le savon
7. une serviette de bain, se sécher, une brosse à dents
8. se maquiller, se brosser les cheveux, se coiffer
9. la crème à raser, le maquillage, le rasoir
10. se regarder, le miroir, la serviette de bain

3 **Mettez en ordre** Indicate the order in which the activities in each set are typically done by numbering them **1** and **2**.

Modèle

2 prendre une douche
1 se déshabiller

1. ________ s'endormir
   ________ se coucher
2. ________ faire sa toilette
   ________ sortir de la maison
3. ________ se sécher
   ________ se laver les cheveux
4. ________ se lever
   ________ se brosser les dents
5. ________ se lever
   ________ se réveiller
6. ________ se déshabiller
   ________ se coucher

Nom ______________________ Date ______________________

4 **Des outils** Complete each of the statements below with the name of the item(s) used for the task.

Modèle

On se brosse les cheveux avec **une brosse à cheveux.**

1. On se brosse les dents avec ______________ et ______________.
2. On se rase avec ______________ et ______________.
3. On se lave le corps avec ______________.
4. On se lave les cheveux avec ______________.
5. On se coiffe avec une brosse à cheveux ou avec ______________.
6. On se sèche avec ______________.

5 **Les parties du corps** Label the body parts in the illustration.

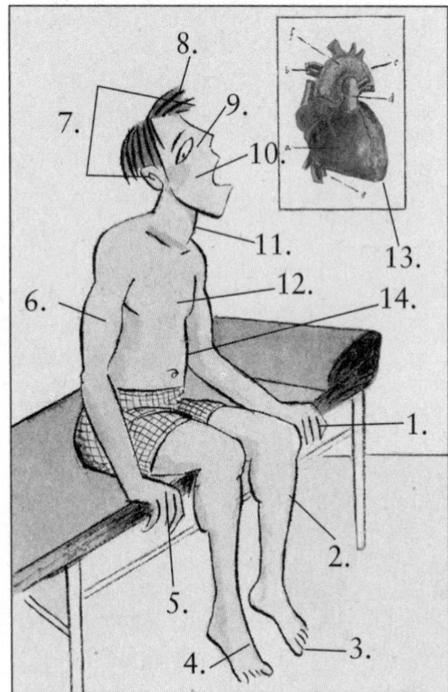

1. ______________
2. ______________
3. ______________
4. ______________
5. ______________
6. ______________
7. ______________
8. ______________
9. ______________
10. ______________
11. ______________
12. ______________
13. ______________
14. ______________

6 **Les préférences** Complete these sentences with appropriate expressions from the lesson.

1. Loïc aime ______________ à onze heures tous les soirs.
2. En général, Liliane n'aime pas ______________. Elle met parfois un peu de mascara, mais c'est tout.
3. Thomas a souvent froid aux pieds parce qu'il n'aime pas mettre ses ______________.
4. M. Noirot a une barbe (*beard*) parce qu'il n'aime pas ______________.
5. Mais quelle vanité! Françoise aime bien ______________ dans le miroir.
6. Les enfants n'aiment pas ______________; on leur donne donc des bains (*baths*).
7. Les cheveux de Nino sont en désordre! Il n'aime pas ______________.
8. Les enfants ont souvent des caries (*cavities*) parce qu'ils n'aiment pas ______________.

Nom _______________ Date _______________

CONTEXTES: AUDIO ACTIVITIES

1 **Décrivez** For each drawing you will hear two statements. Choose the one that corresponds to it.

1. a. b. 2. a. b. 3. a. b. 4. a. b.

2 **Besoins** Listen to the sentences describing Laure's daily routine. For each statement you hear, circle the item she needs to complete the task mentioned.

Laure a besoin...

1. a. d'un rasoir b. d'un réveil
2. a. d'un peigne b. du savon
3. a. d'une serviette de bain b. d'une brosse à dents
4. a. d'un peigne b. d'une pantoufle
5. a. du maquillage b. du dentifrice
6. a. du dentifrice b. de la crème à rasoir

3 **La routine de Frédéric** Listen to Frédéric talk about his daily routine. Then read the statements and decide whether they are **vrai** or **faux**.

	Vrai	Faux
1. Frédéric se réveille tous les matins à six heures.	❍	❍
2. Frédéric va acheter une baguette à la boulangerie.	❍	❍
3. Frédéric se douche avant sa mère.	❍	❍
4. Frédéric prépare le café.	❍	❍
5. La mère de Frédéric se maquille.	❍	❍
6. Frédéric se lave et se rase.	❍	❍
7. Frédéric s'habille lentement.	❍	❍
8. Frédéric ne se brosse jamais les dents.	❍	❍

Nom ______________________ Date ______________________

LES SONS ET LES LETTRES

ch, qu, ph, th, and gn

The letter combination **ch** is usually pronounced like the English *sh*, as in the word *shoe*.

chat **ch**ien **ch**ose en**ch**anté

In words borrowed from other languages, the pronunciation of **ch** may be irregular. For example, in words of Greek origin, **ch** is pronounced **k**.

psy**ch**ologie te**ch**nologie ar**ch**aïque ar**ch**éologie

The letter combination **qu** is almost always pronounced like the letter **k**.

quand prati**qu**er kios**qu**e **qu**elle

The letter combination **ph** is pronounced like an **f**.

télé**ph**one **ph**oto pro**ph**ète géogra**ph**ie

The letter combination **th** is pronounced like the letter **t**. English *th* sounds, as in the words *this* and *with*, never occur in French.

thé a**th**lète biblio**th**èque sympa**th**ique

The letter combination **gn** is pronounced like the sound in the middle of the English word *onion*.

monta**gn**e espa**gn**ol ga**gn**er Allema**gn**e

1 **Prononcez** Répétez les mots suivants à voix haute.

1. thé
2. quart
3. chose
4. question
5. cheveux
6. parce que
7. champagne
8. casquette
9. philosophie
10. fréquenter
11. photographie
12. sympathique

2 **Articulez** Répétez les phrases suivantes à voix haute.

1. Quentin est martiniquais ou québécois?
2. Quelqu'un explique la question à Joseph.
3. Pourquoi est-ce que Philippe est inquiet?
4. Ignace prend une photo de la montagne.
5. Monique fréquente un café en Belgique.
6. Théo étudie la physique.

3 **Dictons** Répétez les dictons à voix haute.

1. La vache la première au pré lèche la rosée.
2. N'éveillez pas le chat qui dort.

4 **Dictée** You will hear six sentences. Each will be said twice. Listen carefully and write what you hear.

1. ______________________
2. ______________________
3. ______________________
4. ______________________
5. ______________________
6. ______________________

Nom _______________ Date _______________

Roman-photo

DRÔLE DE SURPRISE

Avant de regarder

1 **Examinez le titre** Look at the title of the video module. Based on the title and the video still below, what do you think the surprise might be?

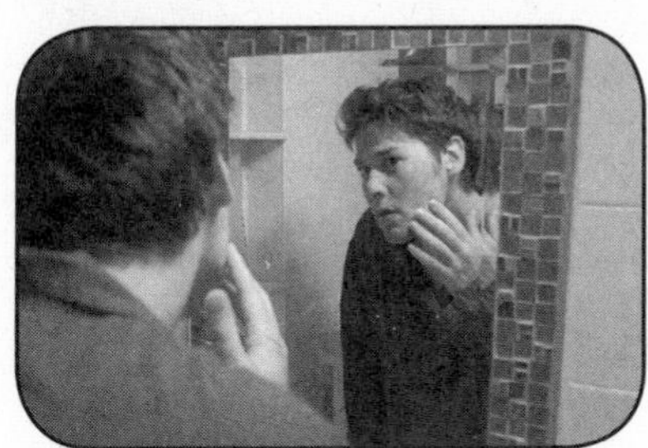

____

2 **On fait sa toilette** With what objects do you associate these activities? Use each object only once.

_______	1. se brosser les dents	a. les vêtements
_______	2. se brosser les cheveux	b. le shampooing
_______	3. se laver	c. le réveil
_______	4. se raser	d. la serviette de bain
_______	5. se sécher	e. le miroir
_______	6. se laver les cheveux	f. la brosse
_______	7. se lever	g. le maquillage
_______	8. s'habiller	h. le dentifrice
_______	9. se maquiller	i. le savon
_______	10. se regarder	j. le rasoir

En regardant la vidéo

3 **Qui...?** Indicate which character says each of these lines. Write D for David or R for Rachid.

_______ 1. On doit partir dans moins de vingt minutes.
_______ 2. Tu veux bien me passer ma brosse à dents?
_______ 3. Ce n'est pas facile d'être beau.
_______ 4. Euh, j'ai un petit problème.
_______ 5. Est-ce que tu as mal à la gorge?
_______ 6. Lis le journal si tu t'ennuies.

Nom ______________________ Date ______________________

4 **Les activités** Place check marks beside the activities David and Rachid mention.

- ❑ 1. se brosser les cheveux
- ❑ 2. se brosser les dents
- ❑ 3. se coiffer
- ❑ 4. se coucher
- ❑ 5. se déshabiller
- ❑ 6. s'endormir
- ❑ 7. s'intéresser
- ❑ 8. se laver
- ❑ 9. se lever
- ❑ 10. se maquiller
- ❑ 11. prendre une douche
- ❑ 12. se raser
- ❑ 13. se regarder
- ❑ 14. se réveiller
- ❑ 15. se sécher

5 **Une vraie star!** For items 1–7, fill in the missing letters in each word. Unscramble the letters in the boxes to find the answer to item 8. One letter will not be used.

1. Je finis de me brosser les d ___ ___ ___ ☐.
2. Attends, je ne trouve pas le p ___ ☐ ___ ___ ___.
3. Tu n'as pas encore pris ta d ___ ___ ___ ___ ☐?
4. P ☐ ___ ___ ___ ___ ___ ___, cher ami.
5. Est-ce que tu as mal à la g ___ ___ ☐ ___?
6. Je vais examiner tes y___ ___ ☐.
7. Téléphone au médecin pour prendre un r___ ___ ___ ___ ___ -☐ ___ ___ ___.
8. David a un problème sur le ______________.

Après la vidéo

6 **Vrai ou faux?** Indicate whether these statements are **vrai** or **faux**.

	Vrai	Faux
1. Rachid doit aller à son cours d'histoire.	❍	❍
2. Rachid a besoin de se raser.	❍	❍
3. David se maquille.	❍	❍
4. David a mal au ventre.	❍	❍
5. David n'a pas fini sa toilette.	❍	❍
6. On s'est réveillé à l'heure aujourd'hui.	❍	❍
7. Rachid trompe (*tricks*) David.	❍	❍
8. David va téléphoner à la pharmacie.	❍	❍

7 **À vous!** Describe your morning routine by completing these sentences with the verbs below.

se brosser	se coucher	se laver	se maquiller	se raser
se coiffer	s'habiller	se lever	prendre une douche	se réveiller

1. D'abord, je ____.
2. Puis, je ____.
3. Ensuite, je ____.
4. Après ça, je ____.
5. Finalement, je ____.

Nom ______________________ Date ______________________

STRUCTURES

2A.1 Reflexive verbs

1 **La routine** Complete each sentence with the present tense of the reflexive verb provided.

Modèle
Nous *nous brossons* (se brosser) les cheveux avant de quitter la maison.

1. Je ______________ (se lever) à 7h30.
2. Vous ______________ (se maquiller) tous les matins, Mme Aziz?
3. M. Tuan ______________ (se raser) devant le miroir.
4. Nous chantons pendant que nous ______________ (s'habiller).
5. Elles ______________ (se laver) les cheveux tous les jours.
6. Est-ce que tu ______________ (se brosser) les dents après chaque repas?
7. Elle ______________ (se coiffer) avant de sortir.
8. Quand est-ce que vous ______________ (se coucher)?

2 **Complétez** Complete the sentences with appropriate reflexive verbs.

1. Quand on a sommeil, on ______________.
2. Après chaque repas, mes enfants ______________.
3. Quand j'ai mal dormi, je ______________.
4. Quand nous faisons la cuisine, nous ______________.
5. Quand elle sort avec des copains, elle ______________.
6. Avant de quitter la maison, tu ______________.
7. Avant de vous coucher, vous ______________.
8. Quand elles ont beaucoup de travail à faire, elles ______________.

Nom ______________________ Date ______________________

3 **Donnez des ordres** Suggest what these people should do in each situation. Use command forms of verbs including some negative command forms.

Modèle

Il est tard et Francine dort encore.
Réveille-toi, Francine!

1. Le maquillage de Mme Laclos est franchement bizarre.

____

2. Nous avons cours à huit heures demain matin.

____

3. Hector a les cheveux mouillés (*wet*).

____

4. Sami et moi avons les mains sales.

____

5. M. Rougelet est en costume au match de basket-ball.

____

6. Grand-père ne dort pas assez.

____

7. Les cheveux de Christine sont un peu en désordre aujourd'hui.

____

8. Nous avons bu trois cocas chacun (*each*) cet après-midi.

____

4 **Vos habitudes** Write a paragraph about your own personal habits using expressions from the list.

se brosser les dents	se coucher	se lever	quitter la maison
se coiffer	s'habiller	prendre une douche/un bain	se réveiller

____
____
____
____
____
____
____
____
____
____

Nom ______________________ Date ______________________

2A.1 Reflexive verbs (audio activities)

1 **Transformez** Form a new sentence using the cue you see as the subject. Repeat the correct answer after the speaker. (*6 items*)

Modèle

You hear: Je me lève à huit heures.
You see: mon frère
You say: **Mon frère se lève à huit heures.**

1. vous
2. tu
3. nous
4. mes amis
5. je
6. Alice

2 **Répondez** Answer each question you hear according to the cue you see. Use a reflexive verb in each response. Repeat the correct response after the speaker.

Modèle

You hear: Tu te coiffes tous les matins?
You see: non
You say: **Non, je ne me coiffe pas tous les matins.**

1. tôt
2. le matin
3. oui / nous
4. non
5. non
6. après minuit

3 **Qu'est-ce qu'il dit?** Listen to Gérard talk about his family. Replace what he says with a reflexive verb. Repeat the correct response after the speaker. (*6 items*)

Modèle

Je sors de mon lit.
Je me lève.

se coucher	s'habiller	se maquiller	se sécher
s'endormir	se lever	se réveiller	

4 **En vacances** Answer each question you hear with a reflexive command using the cue you see. Repeat the correct response after the speaker. (*8 items*)

Modèles

Je m'endors maintenant?
Oui, endors-toi maintenant.
Je me lave les cheveux?
Non, ne te lave pas les cheveux.

1. oui
2. oui
3. oui
4. oui
5. non
6. non
7. non
8. non

Nom ______________________ Date ______________________

2A.2 Reflexives: Sens idiomatique

1 **Les caractères** Complete the caption for each illustration demonstrating a personality type. Use reflexive verbs in the present tense.

1. Marc et Farid ______________ presque chaque jour. Ils ne s'entendent pas bien.
2. Mme Lamartine ______________ facilement. Elle est toujours fâchée (*angry*).
3. Sylvain ______________ souvent. Ses jeux ne l'intéressent pas.
4. Chloé ______________ toujours bien. Elle est contente même quand elle est seule.
5. Céline et Rémy ______________ bien avec tout le monde. Ils sont très gentils.
6. Magali ______________ à tout. Elle est très intellectuelle.
7. Papa ______________ tout le temps. Il a toujours peur des accidents.
8. Sophie ______________ tout le temps parce qu'elle est en retard.

2 **Des verbes réfléchis** Complete these sentences with the appropriate verbs. Use each verb once.

1. Tu ______ au bord du lac tous les jours, Rémy?
2. Abdel ______ souvent au café pour acheter un thé à emporter (*to go*).
3. Mais non, tu ______ ! M. Tahar n'est pas né en Tunisie.
4. Le jour de Thanksgiving, on mange et on ______ sur le canapé.
5. Mathilde ______ pour sortir avec ses copains.
6. Et le supermarché, il ______ où, exactement?
7. Maman a dit que nous ______ trop des affaires (*business*) des autres.
8. Cédric est stressé parce qu'il ne prend pas le temps de ______.
9. Le prof ______ ici, devant la classe.
10. Ma fille rentre de l'école et elle ______ tout de suite à faire ses devoirs.

a. se repose
b. s'arrête
c. s'assied
d. se trouve
e. se détendre
f. se met
g. te promènes
h. se prépare
i. nous occupons
j. te trompes

3 **Complétez** Complete these sentences with appropriate present-tense forms of **s'appeler**, **s'ennuyer**, **s'inquiéter**, and **se souvenir**.

1. Tu ______________ de l'anniversaire de Sullivan? C'est le onze décembre, non?
2. Christophe ______________ à mourir au cinéma. Il préfère jouer à des jeux vidéo.
3. Ne ______________ pas, Madame. On va retrouver votre chat.
4. Comment ______________ -vous, Monsieur?
5. Ma mère ______________ beaucoup quand on rentre très tard dans la nuit.
6. Nous ______________ beaucoup en classe, Monsieur. On préfère regarder la télé.
7. Vous ______________ de moi, Mme Pineau? J'étais dans votre classe, en sixième B.
8. Elle ______________ comment, déjà? Denise? Danielle?

Nom ______________________ Date ______________________

4 **Des impératifs** Give an appropriate command for each situation. Use reflexive verbs, and include some negative commands.

Modèle

On va au cinéma ce soir, maman. **Amusez-vous bien, mes enfants!**

1. Ah, non… Martine est en retard!
____
2. Mme Lemarchand n'arrive pas à trouver son sac.
____
3. Nous nous mettons en colère quand nous sommes ensemble.
____
4. Tony commence à s'énerver.
____
5. Y a-t-il une chaise pour Laurence?
____
6. L'année dernière, j'ai oublié l'anniversaire de mon père.
____

5 **Des défauts de caractère!** Complete the judgments Marine is making about her friends and relatives by choosing the correct expressions. If no expression is necessary, choose X.

1. Samuel s'intéresse trop ______ (que / X / aux) voisins. Ils les regarde par la fenêtre avec des jumelles (*binoculars*).
2. Anne ne se rend pas compte ______ (que / X / de) Luc ne l'aime pas. Elle n'arrête pas de lui téléphoner.
3. Pépé s'énerve ______ (X / que / de) souvent quand mémé ne lui donne pas son journal.
4. Simon ne se souvient pas ______ (que / X / de) je suis végétarienne. Il me propose des steaks et du jambon quand je suis chez lui.
5. Ma mère se met trop facilement ______ (X / que / en) colère. Elle est souvent énervée.

6 **Et vous?** Answer these questions with information about yourself. Use at least one reflexive verb in each sentence.

1. Comment vous détendez-vous, d'habitude?
____
2. Qu'est-ce que vous faites pour vous amuser?
____
3. Est-ce que vous vous entendez bien avec vos amis? Avec les membres de votre famille?
____
4. Est-ce que vous vous inquiétez souvent? Si oui, quand et pourquoi?
____
5. Quand vous mettez-vous en colère?
____

Nom ______ Date ______

2A.2 Reflexives: Sens idiomatique (audio activities)

1 **Décrivez** For each drawing you will hear two statements. Choose the one that corresponds to the drawing.

1. a. b. 2. a. b. 3. a. b. 4. a. b.

2 **Répondez** Answer each question you hear in the affirmative, using a reflexive verb. Repeat the correct response after the speaker. (*6 items*)

Modèle

Est-ce que tu t'entends bien avec ta sœur?
Oui, je m'entends bien avec ma sœur.

3 **Les deux sœurs** Listen as Amélie describes her relationship with her sister. Then read the statements and decide whether they are **vrai** or **faux**.

	Vrai	Faux
1. La sœur d'Amélie s'appelle Joëlle.	❍	❍
2. Elles se détendent ensemble après l'école.	❍	❍
3. Elles s'intéressent à la musique.	❍	❍
4. Elles ne se disputent jamais.	❍	❍
5. Quand elles sont ensemble, elles s'ennuient parfois.	❍	❍
6. Joëlle s'habille très bien.	❍	❍
7. Le samedi, elles se reposent dans un parc du centre-ville.	❍	❍
8. Elles s'énervent quand elles essaient des robes et des tee-shirts.	❍	❍

Nom ____________________ Date ____________________

Unité 2

Leçon 2B

CONTEXTES

1 **Des nouvelles** Indicate whether each piece of news is good (**une bonne nouvelle**) or bad (**une mauvaise nouvelle**).

	une bonne nouvelle	une mauvaise nouvelle
1. La semaine dernière, Jacques s'est cassé le pied.	❍	❍
2. Jeanne, tu as l'air en pleine forme.	❍	❍
3. Hier soir, Isabelle est allée aux urgences pour une douleur abdominale.	❍	❍
4. Aïe! Je me suis blessée à la cheville.	❍	❍
5. Samia se porte mieux depuis son opération.	❍	❍
6. Antoine est rentré cet après-midi parce qu'il se sentait très mal.	❍	❍
7. Mme Leclerc est tombée malade lors de son voyage en Thaïlande.	❍	❍
8. M. Lépine a bien guéri de sa grippe.	❍	❍
9. Mes enfants sont tous en bonne santé.	❍	❍
10. Nous avons mangé à la cantine à midi, et maintenant nous avons tous mal au cœur.	❍	❍

2 **Des maux** What are these people complaining about to the doctor? Write at least one sentence for each illustration.

Modèle

J'éternue. Je pense que j'ai des allergies.

1.  

2. 

3. 

4. 

5. 

6. 

1. ____
2. ____
3. ____
4. ____
5. ____
6. ____

Nom ____________________ Date ____________________

3 **Chez le médecin** Write an appropriate response that a doctor would give to each complaint.

1. J'ai mal aux dents.
2. Je n'arrive pas à garder la ligne.
3. Ah, j'ai mal au bras aujourd'hui.
4. J'ai mal au cœur quand je mange des éclairs au chocolat.
5. Je me suis cassé la jambe. Aïe! Ça fait mal.

4 **Méli-mélo** Unscramble these sentences.

1. une / travaille / Van-Minh / dans / pharmacie
2. au / Hélène-Louise / douleur / a / une / terrible / ventre
3. Simone / une / a / jambe / à / blessure / la
4. des / j' / allergies / printemps / ai / au
5. quels / vos / symptômes / sont / Madame
6. l' / est / patient / infirmière / avec / le

5 **C'est grave, docteur?** Write a conversation between a patient and his or her doctor. The patient should have multiple complaints. You may use the words provided or other vocabulary from the lesson.

allergie	avoir mal	fièvre	ordonnance
aspirines	éternuer	médicament	pharmacien

Nom ______________________ Date ______________________

CONTEXTES: AUDIO ACTIVITIES

1 **Décrivez** For each drawing you will hear two statements. Choose the one that corresponds to the drawing.

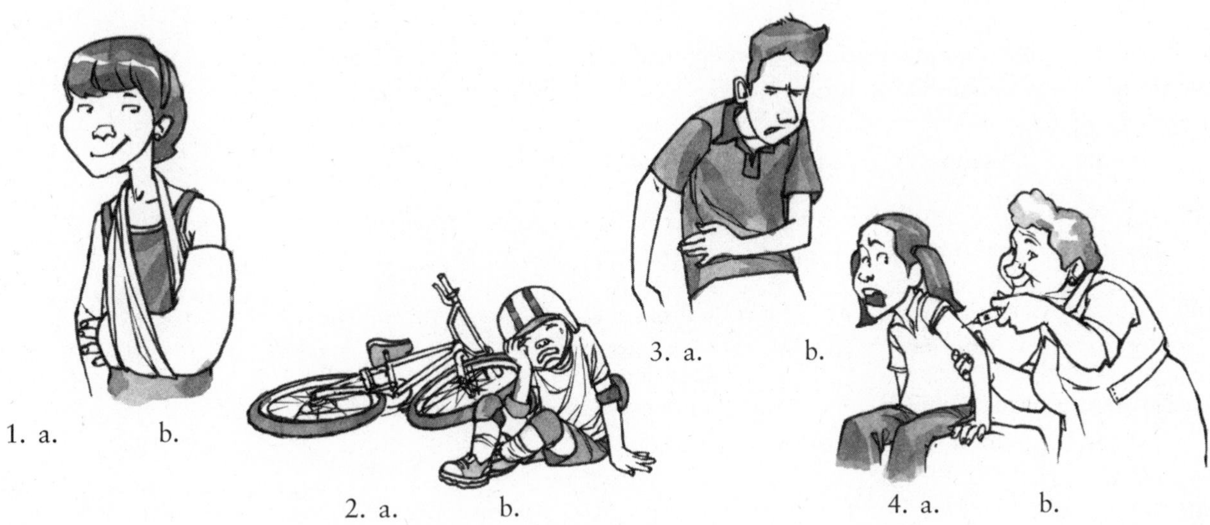

1. a. b.

2. a. b.

3. a. b.

4. a. b.

2 **Identifiez** You will hear a series of words. Write each one in the appropriate category.

Modèle

You hear: Il tousse.
You write: **tousse** under **symptôme**

	endroit	symptôme	diagnostic	traitement
Modèle	______	**tousse**	______	______
1.	______	______	______	______
2.	______	______	______	______
3.	______	______	______	______
4.	______	______	______	______
5.	______	______	______	______
6.	______	______	______	______
7.	______	______	______	______
8.	______	______	______	______
9.	______	______	______	______
10.	______	______	______	______

Nom ______________________ Date ______________________

LES SONS ET LES LETTRES

p, t, and c

Read the following English words aloud while holding your hand an inch or two in front of your mouth. You should feel a small burst of air when you pronounce each of the consonants.

pan **top** **cope** **pat**

In French, the letters **p**, **t**, and **c** are not accompanied by a short burst of air. This time, try to minimize the amount of air you exhale as you pronounce these consonants. You should feel only a very small burst of air or none at all.

panne **taupe** **capital** **cœur**

To minimize a **t** sound, touch your tongue to your teeth and gums, rather than just your gums.

taille **tête** **tomber** **tousser**

Similarly, you can minimize the force of a **p** by smiling slightly as you pronounce it.

pied **poitrine** **pilule** **piqûre**

When you pronounce a hard **k** sound, you can minimize the force by releasing it very quickly.

corps **cou** **casser** **comme**

1 **Prononcez** Répétez les mots suivants à voix haute.

1. plat
2. cave
3. tort
4. timide
5. commencer
6. travailler
7. pardon
8. carotte
9. partager
10. problème
11. rencontrer
12. confiture
13. petits pois
14. camarade
15. canadien

2 **Articulez** Répétez les phrases suivantes à voix haute.

1. Paul préfère le tennis ou les cartes?
2. Claude déteste le poisson et le café.
3. Claire et Thomas ont-ils la grippe?
4. Tu préfères les biscuits ou les gâteaux?

3 **Dictons** Répétez les dictons à voix haute.

1. Les absents ont toujours tort.
2. Il n'y a que le premier pas qui coûte.

4 **Dictée** You will hear six sentences. Each will be said twice. Listen carefully and write what you hear.

1. ______________________________
2. ______________________________
3. ______________________________
4. ______________________________
5. ______________________________
6. ______________________________

Nom _______________ Date _______________

Roman-photo

L'ACCIDENT

Avant de regarder

1 **Aïe!** In this episode, Rachid has an accident and has to go to the doctor's office. What words and expressions do you expect to hear?

____

____

____

____

____

____

En regardant la vidéo

2 **Qui...?** Indicate which character says each of these lines. Write **A** for Amina, **B** for Dr. Beaumarchais, D for David, R for Rachid, or **St** for Stéphane.

_______ 1. Tu t'es blessé? Où est-ce que tu as mal?

_______ 2. Essaie de te relever.

_______ 3. Alors, expliquez-moi ce qui s'est passé.

_______ 4. Vous pouvez tourner le pied à droite?

_______ 5. Tu peux toujours jouer au foot?

_______ 6. Je vais guérir rapidement et retrouver la forme.

_______ 7. Qu'est-ce qui t'est arrivé?

_______ 8. Bon, on va mettre de la glace sur ta cheville.

_______ 9. Tu fais le clown ou quoi?

_______ 10. C'est juste une allergie.

3 **Qu'est-ce qu'ils disent?** Match these photos with their captions.

_______ a. Et où est-ce que vous avez mal?

_______ b. Tiens, donne-moi la main.

_______ c. On m'a fait une piqûre.

_______ d. Rends-moi la télécommande!

_______ e. On m'a donné des médicaments.

4 **Rachid et David** Who do these symptoms and treatments pertain to?

	Rachid	David
1. Il faut mettre de la glace sur une partie de son corps.	❍	❍
2. Il a une réaction allergique.	❍	❍
3. Il avait besoin d'aide pour aller aux urgences.	❍	❍
4. Il doit passer par la pharmacie.	❍	❍
5. Il a pris des pilules.	❍	❍
6. Il doit éviter le soleil.	❍	❍
7. Il ne peut pas jouer au foot pendant une semaine.	❍	❍
8. Il doit rester à la maison quelques jours.	❍	❍

5 **Complétez** Listen to the doctor's recommendations to Rachid, and complete this paragraph with the missing words you hear.

Alors, voilà ce que vous allez faire: mettre de la (1) ______________, vous (2) ______________ et ça veut dire, pas de foot pendant une (3) ______________ au moins et prendre des (4) ______________ contre la (5) ______________. Je vous prépare une (6) ______________ tout de suite.

Après la vidéo

6 **Vrai ou faux?** Indicate whether these statements are **vrai** or **faux**.

	Vrai	Faux
1. Rachid ne peut pas se relever tout seul.	❍	❍
2. Rachid a mal au genou.	❍	❍
3. Rachid s'est cassé la jambe.	❍	❍
4. Rachid s'est foulé la cheville.	❍	❍
5. David est allé aux urgences.	❍	❍
6. David a la grippe.	❍	❍

7 **À vous!** When was the last time you or someone you know had an accident playing sports? Describe the incident. What happened? How was the person hurt? What did he or she do about it?

____

____

____

____

____

____

____

____

____

Nom ______________________ Date ______________________

Flash culture

LA SANTÉ

Avant de regarder

1 **À la pharmacie** In this video, you are going to learn about pharmacies in France. In French, make a list of items you might buy in a pharmacy.

____

____

____

____

____

2 **La santé et l'hygiène** Complete these statements about health and personal hygiene with the words listed.

aspirine	gorge	pharmacie
dentifrice	médicaments	rasoir
douche	miroir	shampooing

1. Quand on se maquille, on se regarde dans le ______________.
2. Quand on a mal à la tête, on prend souvent de l' ______________.
3. On se déshabille avant de prendre une ______________.
4. Quand on a la grippe, le docteur examine la ______________.
5. Quand le médecin donne une ordonnance, on va à la ______________.
6. Si on a des allergies, on prend quelquefois des ______________.

En regardant la vidéo

3 **Complétez** Watch these video segments and complete the paragraphs below according to what Benjamin says.

1. Bonjour! Quand vous êtes (a) ______________ ou quand il vous faut des (b) ______________, il y a la (c) ______________. Pour en trouver une, cherchez la croix (d) ______________! Ici, on vend un peu de tout. Entrons!
2. Il y a d'autres endroits pour (e) ______________ bien et (f) ______________.
3. Maintenant, vous savez où trouver ce qu'il vous faut pour (g) ______________ en pleine (h) ______________. À la prochaine!

Nom ______________________ Date ______________________

4 **Les produits** Watch the segment with Benjamin in the pharmacy. Make a list of at least six items you see in the French pharmacy that you personally use.

5 **Pour la santé** What types of health-related businesses are featured in this video module?

Après la vidéo

6 **Les pharmaciens** In this video, Benjamin talks about the role of pharmacists in France. In what ways is the French system similar to that of the United States? How does it differ?

Nom ____________________ Date ____________________

STRUCTURES

2B.1 The passé composé of reflexive verbs

1 **Qu'est-ce qu'ils ont fait?** Complete these statements about what the people in the illustrations did recently. Use reflexive verbs in the **passé composé.**

1. 
2. 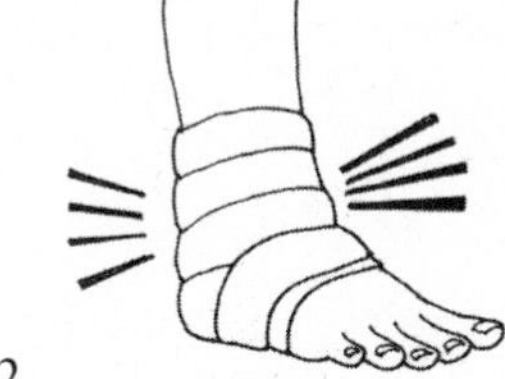
3. 
4. 
5. 
6. 

1. Marc ____________ avec Farid.
2. Émilie ____________ la cheville.
3. Pépé ____________ le bras.
4. Notre prof ____________ en colère!
5. Éric et Noémie ____________ au fond (*in the back*) de la classe.
6. Juliette ____________ les dents avant de se coucher.

2 **Faites l'accord** Add the appropriate ending for each past participle in this e-mail that Jamel wrote about the terrible weekend he just had. If no additional letters are needed to complete an ending, leave the line blank.

Quelle poisse (*What bad luck*)! Ce week-end, Nathalie et moi sommes (1) rentré______ à Genève. C'est Nathalie qui a (2) conduit______. Sur la route de Genève, on s'est (3) disputé______. Après, Nathalie était en colère et on a (4) eu______ un accident. Moi, je me suis (5) cassé______ le bras gauche et Nathalie s'est (6) blessé______ au pied. On a dû attendre l'ambulance pendant quarante minutes. Dans la salle des urgences, Nathalie s'est (7) assis______ sur ma main droite par accident et elle l'a (8) blessé______. Aïe! Comme ça m'a (9) fait______ mal! L'infirmier a (10) mis______ mon bras gauche et ma main droite dans le plâtre (*in casts*). Pendant qu'il soignait (*treated*) le pied blessé de Nathalie, on s'est encore (11) mis______ à se disputer. Finalement, la mère et la tante de Nathalie sont (12) venu______ à l'hôpital pour nous chercher et pour récupérer la voiture. En ce moment, Nathalie est en train d'écrire cet e-mail pour moi.

3 **Qu'est-ce qui est arrivé?** Write a question that would elicit each response. Use a reflexive verb in the **passé composé** in each question.

1. ________________________________

   Oui, maintenant il a la cheville enflée.

2. ________________________________

   Oui, et maintenant j'ai la jambe dans le plâtre (*in a cast*).

3. ________________________________

   C'est vrai. Maintenant ils ne se parlent pas.

4. ________________________________

   Non, elle ne s'en est pas rendu compte.

5. ________________________________

   Oui, et nous sommes arrivés avec seulement cinq minutes de retard.

4 **Quels sont les antécédents?** Decide which noun in the group is the antecedent for each direct object pronoun. Pay attention to meaning and to the gender and number of each direct object.

____ 1. Je me <u>le</u> suis cassé quand j'étais petite.
   a. les dents   b. le bras   c. la jambe

____ 2. Ils se <u>les</u> sont lavées il y a dix minutes.
   a. les mains   b. le visage   c. les pieds

____ 3. Mathilde se <u>les</u> est brossées ce matin.
   a. les cheveux   b. la tête   c. les dents

____ 4. Nous nous <u>le</u> sommes lavé hier soir.
   a. la tête   b. les dents   c. le visage

____ 5. Tu te <u>les</u> es brossés aujourd'hui?
   a. le visage   b. les cheveux   c. les dents

5 **Votre enfance** Write an eight-sentence paragraph about your life when you were eight to ten years old. Use expressions from the list or others from the lesson and remember that most verbs will be in the **imparfait**.

s'amuser	s'énerver	s'inquiéter
se disputer	s'entendre bien avec	s'intéresser

Quand j'étais petit(e), ________________________________

____

____

____

____

____

____

____

Nom ______________________ Date ______________________

2B.1 The passé composé of reflexive verbs (audio activities)

1 **Identifiez** Listen to each sentence and decide whether the verb is in the **présent, imparfait,** or **passé composé.**

Modèle

You hear: Michel a mal aux dents.
You mark: an **X** under **présent**

	présent	imparfait	passé composé
Modèle	X		
1.			
2.			
3.			
4.			
5.			
6.			
7.			
8.			
9.			
10.			

2 **Changez** Change each sentence from the **présent** to the **passé composé.** Repeat the correct answer after the speaker. (*8 items*)

Modèle

Nous nous reposons après le tennis.
Nous nous sommes reposés après le tennis.

3 **Répondez** Answer each question you hear using the cue you see. Repeat the correct response after the speaker.

Modèle

You hear: Est-ce que tu t'es ennuyé (e) au concert?
You see: non
You say: Non, je ne me suis pas ennuyé (e) au concert.

1. oui   2. oui   3. non   4. oui   5. bien sûr   6. oui

4 **Complétez** Listen to Véronique's story and write the missing words.

Manon (1) ______________ quand Véronique, sa petite sœur de onze ans, n'est pas rentrée de l'école à cinq heures. Elle (2) ______________ de lire et a regardé par la fenêtre. À cinq heures et demie, elle (3) ______________. Dans la rue, à six heures, Véronique (4) ______________ de rentrer. Qu'est-il arrivé à Véronique? Elle est sortie de l'école avec une amie. Elles (5) ______________ et elles (6) ______________ dans une boulangerie. Véronique a ensuite quitté son amie, mais elle (7) ______________ de rue. Quand Véronique est finalement rentrée à la maison, Manon (8) ______________. Véronique (9) ______________ que sa grande sœur avait eu peur et elles ont rapidement arrêté de (10) ______________.

Nom ____________________ Date ____________________

2B.2 The pronouns y and en

1 **Choisissez** Match each illustration with its caption.

a. 

b. 

c. 

d. 

e. 

f. 

____ 1. Tu en as mangé combien?

____ 2. Jojo en met dans la soupe.

____ 3. Nous en avons acheté pour l'école.

____ 4. J'y suis allée l'été dernier pendant les vacances.

____ 5. On y va le samedi matin.

____ 6. Vous en faites tous les jours, Mme Lepic?

2 **Les questions** Write an appropriate question for each answer.

1. ____________________

   Nous en avons fait deux pour la fête chez Serge.

2. ____________________

   J'y vais du lundi au vendredi.

3. ____________________

   Oui, on en parle souvent.

4. ____________________

   Franck en a mangé deux; moi, j'en ai mangé un.

5. ____________________

   Oui, et on s'y est bien amusé samedi dernier.

3 **Des échanges** Complete these exchanges with **y** or **en** and an infinitive in each answer.

Modèle

ÉLODIE Vous allez prendre des pizzas?
RODRIGUE Oui, nous allons *en prendre* deux.

1. **LA MÈRE** Tu vas manger dans ta chambre?

   DIDIER Je suis très énervé contre toi; je préfère donc ____________________.

2. **Mme DUCROS** Vous allez passer par la boulangerie en rentrant (*on the way home*)?

   M. SABATIER Oui, je vais ____________________. Je vous rapporte quelque chose?

3. **CAMILLE** Nous pouvons acheter des biscuits, maman?

   LA MÈRE Non, nous ne pouvons pas ____________________ cette fois-ci, ma chérie.

4. **CARINE** J'ai entendu qu'ils vont commander une tarte pour l'anniversaire du prof.

   BENOÎT Oui, ils vont ____________________ une. On va la manger en classe mardi.

Nom ______________________ Date ______________________

4 **Des conseils** Rewrite each of these pieces of advice from your mother using either **y** or **en**.

Modèle

Mange une orange chaque jour.
Manges-en une chaque jour.

1. Prends deux aspirines.
____
2. Va directement au lit.
____
3. Parle-moi de tes problèmes quand tu en as.
____
4. Fais de l'exercice tous les jours.
____
5. Ne dépense pas trop d'argent pour tes vêtements.
____
6. Souviens-toi de l'anniversaire de ton frère.
____
7. Fais attention aux prix.
____
8. Écris-moi un e-mail de temps en temps.
____

5 **Méli-mélo** Unscramble these sentences.

1. en / m' / donnez / six / s'il vous plaît
____
2. lui / parlé / ai / je / en / hier
____
3. je / dois / en / cinq / t'
____
4. achète / dix / -en / -lui
____
5. y / vous / souvent / allez
____
6. ils / nous / parlent / ne / pas / en
____
7. va / on / y
____
8. elle / y / intéresse / s' / beaucoup
____

2B.2 The pronouns y and en (audio activities)

1 **Remplissez** Listen to each question and write the missing pronoun, **y** or **en**, in the response.

1. Non, je n' ____________ ai pas.
2. Oui, nous ____________ faisons.
3. Oui, il ____________ va régulièrement.
4. Non, nous n' ____________ prenons pas souvent.
5. Oui, ils ____________ sont allés.
6. Non, je ne vais pas ____________ boire.
7. Oui, nous ____________ allons.
8. Oui, nous ____________ revenons.

2 **Changez** Restate each sentence you hear using the pronouns **y** or **en**. Repeat the correct answer after the speaker. (*8 items*)

Modèle

Nous sommes allés chez le dentiste.

Nous y sommes allés.

3 **Répondez** André is at his doctor's for a check-up. Answer each question using the cues you hear. Repeat the correct answer after the speaker. (*6 items*)

Modèle

Vous habitez à Lyon? (oui)

Oui, j'y habite.

4 **Déterminez** Write the number of each question you hear next to the appropriate response.

____________ Non, je n'en prends pas.
____________ Oui, il y en a beaucoup.
____________ Non, je ne vais pas vous en faire une.
____________ Non, elle ne m'en a pas donné une.
____________ Oui, nous y allons.
____________ Oui, elle en a beaucoup.
____________ Oui, j'y vais souvent.
____________ Oui, je t'en donne une.

Nom ______________________ Date ______________________

Unité 2

Savoir-faire

PANORAMA

1 **Des mots associés** Match each entry on the left with the one that is associated with it on the right.

______	1. des spectacles de gladiateurs	a. une reine (*queen*) de France
______	2. Futuroscope	b. parc d'attractions à Poitiers
______	3. «Los cats fan pas de chins.»	c. les arènes de Nîmes
______	4. Aliénor d'Aquitaine	d. peintre et lithographe
______	5. Toulouse-Lautrec	e. l'occitan

2 **Cherchez** Find the expressions described by the clues below in the grid, looking backward, forward, vertically, horizontally, and diagonally. Circle them in the puzzle, then write the words in the blanks.

O	D	S	R	W	N	O	I	Q	L	J	B	E	I	M
J	C	L	É	F	T	R	I	H	C	O	J	U	J	D
T	A	C	Y	Y	D	T	F	E	R	N	M	Q	N	Y
N	X	C	I	X	G	C	G	D	G	Y	A	S	O	N
V	G	A	M	T	U	D	E	G	S	D	G	A	T	Y
R	C	S	A	U	A	A	M	A	M	B	V	B	S	V
W	U	S	M	S	U	N	C	Z	K	V	A	E	A	M
E	P	O	X	X	K	C	I	S	C	V	M	N	J	V
H	L	U	X	P	D	R	A	E	A	Î	Y	A	J	A
R	Z	L	O	W	K	H	F	F	N	L	R	U	B	T
A	C	E	I	Q	N	H	U	H	M	V	F	L	J	Q
S	H	T	S	A	D	I	R	R	O	C	Y	P	V	É
X	D	K	F	K	Z	D	K	B	P	W	V	F	G	R
D	I	Z	U	M	R	D	Y	Î	E	Û	C	V	L	A
Z	I	L	Q	N	D	C	V	W	M	C	Q	C	Y	O

1. C'est une grande ville de Nouvelle-Aquitaine

   ____

2. On appelle cette grotte «la chapelle Sixtine préhistorique».

   ____

3. Les arènes de cette ville ressemblent au Colisée de Rome.

   ____

4. La langue d'Oc a donné son nom à cette région.

   ____

5. Le Pays ______________________ est la région qui est à la frontière entre la France et l'Espagne.

6. Ce plat populaire ressemble un peu au «*pork and beans*» américain.

   ____

7. Ces spectacles ont lieu (*take place*) aujourd'hui dans les arènes de Nîmes.

   ____

Nom ______________________ Date ______________________

3 **Qu'est-ce que c'est?** Label each photograph in French.

1. ______________

2. ______________

3. ______________

4. ______________

4 **Complétez les phrases** Supply the expression that is missing in each sentence about southwestern France.

1. ______________, c'est le nom d'un artiste connu (*famous*) de la région Midi-Pyrénées.
2. Les fresques de la grotte de Lascaux ont pour sujet des ______________.
3. On trouve le plus grand ______________ de l'ère romaine en France, à Nîmes.
4. Périgueux est une ville de la région ______________.
5. ______________ est le nom d'un homme politique de la région Occitanie.
6. Le sud-ouest de la France se situe entre l'océan Atlantique et la mer ______________.

5 **Des fautes!** Your Canadian friend Norbert isn't good with details. Circle five mistakes in the e-mail that he wrote to you from France and correct the sentences by rewriting them on the lines that follow.

Ouaou! Je t'écris de Toulouse, une ville de la région qu'on appelle Nouvelle-Aquitaine. Cette semaine, on va visiter des sites touristiques du sud-ouest (*southwest*) de la France. Pour commencer, jeudi, on va visiter la fameuse grotte de Lascaux, où l'on va apprécier des fresques mystérieuses qui sont vieilles de plus de 1.700 ans. Des adolescents ont découvert la grotte en 1940. Vendredi, on va assister à un match de rugby. (C'est un sport originaire de la région qu'on joue avec une balle en cuir et une raquette.) Samedi, on va faire un tour sur le canal du Midi et goûter (*taste*) des spécialités de la région, le camembert et le cassoulet. Et puis dimanche, on va assister à un spectacle musical aux arènes de Carcassonne. J'espère que tu vas bien.

À bientôt,
Norbert

1. ______________________________
2. ______________________________
3. ______________________________
4. ______________________________
5. ______________________________

Nom ______________________ Date ______________________

Unité 3

Leçon 3A

CONTEXTES

1 **Identifiez** Match each description with the correct word.

_______	1. Ça fait partie du moniteur.	a. un lecteur DVD
_______	2. On doit faire ça quand on n'a plus de batterie.	b. un écran
_______	3. C'est un site web où on communique avec ses amis.	c. un mot de passe
_______	4. On fait ça pour ne pas perdre son document.	d. recharger
_______	5. On donne ça pour accéder (*access*) à un ordinateur.	e. un réseau social
_______	6. C'est un message écrit sur un téléphone portable.	f. sauvegarder
_______	7. On en a besoin pour changer de chaîne de télévision.	g. une télécommande
_______	8. On utilise ça pour regarder un DVD.	h. un texto

2 **Bien ou pas bien?** Evaluate each of the situations described and decide whether it is good (**C'est bien**) or bad (**Ce n'est pas bien**).

	C'est bien!	Ce n'est pas bien!
1. Adèle passe au moins (*at least*) sept heures par jour sur les réseaux sociaux.	❍	❍
2. Il marche très bien, mon nouveau portable.	❍	❍
3. Je suis connectée avec mon frère et ma sœur par un service de messagerie instantanée. On se «parle» tous les jours.	❍	❍
4. Clothilde est en ligne avec un étranger bizarre qui veut faire sa connaissance.	❍	❍
5. J'ai oublié de sauvegarder le document avant d'éteindre mon ordinateur.	❍	❍
6. Jérémie a donné son mot de passe à tous ses copains.	❍	❍
7. Ma mère a trouvé un logiciel qui va l'aider à faire son travail.	❍	❍
8. Mes parents m'ont donné une clé USB pour la télécommande.	❍	❍
9. J'envoie un e-mail à ma grand-mère pour lui dire bonjour.	❍	❍
10. Ma nièce aime bien le jeu vidéo éducatif que je lui ai donné pour son anniversaire.	❍	❍
11. Mon petit frère a perdu la télécommande, et maintenant on ne peut pas changer de chaîne.	❍	❍
12. Mon réveil n'a pas sonné ce matin, mais le téléphone m'a réveillé et je ne suis donc pas arrivé en retard au travail.	❍	❍

3 **Des associations** Give one direct object (a noun) that is often associated with each verb. Use vocabulary from the lesson and do not repeat answers.

Modèle

composer *un numéro de téléphone*

1. fermer ______________________
2. sauvegarder ______________________
3. allumer ______________________
4. éteindre ______________________
5. imprimer ______________________
6. télécharger ______________________
7. effacer ______________________
8. recharger ______________________

Nom ______________________ Date ______________________

4 **Complétez les phrases** Complete these sentences with appropriate expressions from the lesson.

1. Pour prendre des photos, on a besoin d' ______________.
2. On peut écouter de la musique à la bibliothèque avec ______________.
3. Pour regarder des films à la maison, on a besoin d'une télévision et d' ______________ ou d' ______________.
4. Pour accéder à (*access*) son e-mail, on a souvent besoin de donner ______________.
5. Mes amis et moi, nous restons en contact grâce aux (*thanks to*) ______________ sociaux.
6. Mon portable n'a plus de batterie. Il faut le ______________.
7. Parfois, on ______________ tous les e-mails de son ex-copain/copine.
8. Il faut ______________ les documents électroniques importants.

5 **Des conseils** Give advice to Max for each situation using vocabulary from the lesson.

Modèle

J'ai oublié que c'est l'anniversaire de ma copine aujourd'hui et je n'ai pas de carte.
Envoie-lui un e-mail.

1. Je veux montrer des photos de mon nouveau chien à tous mes amis.
____
2. J'ai rechargé mon smartphone mais l'écran est toujours noir.
____
3. Mon ordinateur n'a plus de mémoire parce qu'il y a plus de 5.000 fichiers dans la corbeille.
____
4. J'ai trouvé une vidéo chouette en ligne et je veux la montrer à mon copain.
____
5. Je veux regarder le nouveau documentaire sur les nanotechnologies à la télé ce soir, mais je dois étudier.
____

6 **La technologie et vous** Answer these questions in complete sentences with information about how you use technology.

1. Est-ce que vous envoyez des e-mails à vos profs et à vos camarades de classe?
____
2. Préférez-vous les ordinateurs portables ou les tablettes? Pourquoi?
____
3. Est-ce que vous avez un appareil photo numérique? Si oui, est-ce que vous retouchez (*edit*) vos photos avec un logiciel?
____
4. Connaissez-vous des gens qui achètent en ligne? Quels sites web marchands visitent-ils?
____
5. Est-ce que vous téléchargez de la musique? Quels logiciels utilisez-vous?
____
6. Utilisez-vous des réseaux sociaux? Lesquels?
____

Nom ______________________ Date ______________________

CONTEXTES: AUDIO ACTIVITIES

1 **Associez** For each word or phrase you hear, indicate whether it is most closely associated with **un ordinateur** or **un smartphone**.

1. a. un ordinateur b. un smartphone
2. a. un ordinateur b. un smartphone
3. a. un ordinateur b. un smartphone
4. a. un ordinateur b. un smartphone
5. a. un ordinateur b. un smartphonee
6. a. un ordinateur b. un smartphonee

2 **Logique ou illogique?** Listen to these statements and indicate whether each one is **logique** or **illogique**.

	Logique	Illogique
1.	❍	❍
2.	❍	❍
3.	❍	❍
4.	❍	❍
5.	❍	❍
6.	❍	❍
7.	❍	❍
8.	❍	❍

3 **Décrivez** For each drawing, you will hear three statements. Choose the one that corresponds to the drawing.

1. a. b. c. 2. a. b. c.

Nom ______________________ Date ______________________

LES SONS ET LES LETTRES

Final consonants

You already learned that final consonants are usually silent, except for the letters **c**, **r**, **f**, and **l**.

ave**c** hive**r** che**f** hôte**l**

You've probably noticed other exceptions to this rule. Often, such exceptions are words borrowed from other languages. These final consonants are pronounced.

Latin	*English*	*Inuit*	*Latin*
foru**m**	sno**b**	anora**k**	ga**z**

Numbers, geographical directions, and proper names are common exceptions.

cin**q** su**d** Agnè**s** Maghre**b**

Some words with identical spellings are pronounced differently to distinguish between meanings or parts of speech.

fil**s** = *son* fils (s crossed out) = *threads*

tou**s** (pronoun) = *everyone* tous (s crossed out) (adjective) = *all*

The word **plus** can have three different pronunciations.

plus (s crossed out) de (silent s) plu**s** que (s sound) plus ou moins (z sound in liaison)

1 **Prononcez** Répétez les mots suivants à voix haute.

1. cap
2. six
3. truc
4. club
5. slip
6. actif
7. strict
8. avril
9. index
10. Alfred
11. bifteck
12. bus

2 **Articulez** Répétez les phrases suivantes à voix haute.

1. Leur fils est gentil, mais il est très snob.
2. Au restaurant, nous avons tous pris du bifteck.
3. Le sept août, David assiste au forum sur le Maghreb.
4. Alex et Ludovic jouent au tennis dans un club de sport.
5. Prosper prend le bus pour aller à l'est de la ville.

3 **Dictons** Répétez les dictons à voix haute.

1. Plus on boit, plus on a soif.
2. Un pour tous, tous pour un!

4 **Dictée** You will hear eight sentences. Each will be read twice. Listen carefully and write what you hear.

1. ______________________
2. ______________________
3. ______________________
4. ______________________
5. ______________________
6. ______________________
7. ______________________
8. ______________________

Nom ______________________ Date ______________________

Roman-photo

C'EST QUI, CYBERHOMME?

Avant de regarder

1 **Qu'est-ce qui se passe?** Look at the photo and guess what might happen in this video module. What words and expressions do you expect to hear in an episode about technology and electronics?

____

____

____

____

____

2 **La technologie** With what do you associate these activities? More than one answer may apply.

un casque audio	une imprimante	un logiciel	un smartphone
un écran	un jeu vidéo	un texto	une tablette
un fichier	un lecteur de DVD	un e-mail	

1. allumer ______________________
2. recharger ______________________
3. sauvegarder ______________________
4. sonner ______________________
5. imprimer ______________________
6. télécharger ______________________
7. écouter ______________________
8. effacer ______________________
9. regarder ______________________
10. jouer ______________________

En regardant la vidéo

3 **Les appareils électroniques** Watch the conversation between David and Rachid in their apartment, and place a check mark next to the electronic products mentioned or alluded to.

- ❑ 1. un appareil photo
- ❑ 2. une télévision
- ❑ 3. une imprimante
- ❑ 4. un jeu vidéo
- ❑ 5. un lecteur DVD
- ❑ 6. une tablette
- ❑ 7. une chaîne stéréo
- ❑ 8. un casque audio

Nom ______________________ Date ______________________

Après la vidéo

4 **Au café** Watch the scene in the café and complete the conversation with the missing words.

AMINA Oh, il est super gentil, écoute: Chère Technofemme, je ne sais pas comment te dire combien j'adore lire tes messages. On (1) ______________ si bien et on a beaucoup de choses en commun. J'ai l'impression que toi et moi, on peut tout (2) ______________.

SANDRINE Il est adorable, ton cyberhomme! Continue! Est-ce qu'il veut te rencontrer en personne?

VALÉRIE Qui vas-tu rencontrer, Amina? Qui est ce cyberhomme?

SANDRINE Amina l'a connu sur Internet. Ils (3) ______________ depuis longtemps déjà, n'est-ce pas, Amina?

AMINA Oui, mais comme je te l'ai déjà dit, je ne sais pas si c'est une bonne idée de (4) ______________ en personne. S'écrire des e-mails, c'est une chose; (5) ______________ rendez-vous, ça peut être dangereux.

5 **Qui...?** Indicate which character says each of these lines. Write **A** for Amina, **D** for David, **R** for Rachid, **S** for Sandrine, or **V** for Valérie.

_______ 1. Je dis que je ne peux pas me concentrer!
_______ 2. Tu as un autre e-mail de Cyberhomme?
_______ 3. Et voilà! J'ai fini ma dissert.
_______ 4. Mais il est si charmant et tellement romantique.
_______ 5. On ne sait jamais.
_______ 6. Il a effacé les quatre derniers paragraphes!
_______ 7. Peut-être qu'elle peut retrouver la dernière version de ton fichier.
_______ 8. Il faut sauvegarder au moins toutes les cinq minutes.

6 **Expliquez** What is happening in this photo? Describe the events leading up to this moment.

____
____
____
____
____

7 **À vous!** Name three technology products and explain how you use them.

1. ____
____
2. ____
____
3. ____
____

Nom ______ Date ______

STRUCTURES

3A.1 Prepositions with the infinitive

1 **Des problèmes technologiques** Complete the e-mail that Enzo wrote about problems he had with his computer recently. Choose from the prepositions in parentheses. If no preposition is needed, choose X.

Je dois (1) ______ (à / de / X) commencer par dire que je ne suis pas une personne violente, mais que... mon ordinateur portable m'énerve beaucoup! L'autre jour, je m'amusais (2) ______ (à / de / X) envoyer des messages à tous mes amis quand j'ai entendu «clic clic» et mon écran s'est éteint. J'ai réussi (3) ______ (à / de / X) le rallumer (*restart*) sans trop d'effort. Quelques minutes après, je venais (4) ______ (à / de / X) fermer un document quand soudain, j'ai entendu à nouveau (*again*) le «clic clic» mystérieux, et puis j'ai commencé (5) ______ (à / de / X) sentir une odeur bizarre. Ça sentait le brûlé (*burned*)! J'ai voulu (6) ______ (à / de / X) éteindre, mais j'ai oublié (7) ______ (à / de / X) fermer les logiciels. Eh bien, l'ordinateur a refusé (8) ______ (à / de / X) s'éteindre! Un petit message sur l'écran m'a informé: «Je ne peux pas (9) ______ (à / de / X) vous permettre (10) ______ (à / de / X) m'éteindre, parce que vous n'avez pas fermé les logiciels, et puis je ne vous aime pas de toute façon (*anyway*), la la la!» Mais comment est-ce possible?! J'ai tout de suite décidé (11) ______ (à / de / X) téléphoner à un copain qui est expert en informatique. Il m'a dit que mon ordinateur avait attrapé (*had caught*) un virus et qu'il voulait bien (12) ______ (à / de / X) m'aider, mais qu'il était au travail jusqu'à six heures ce soir-là. En résumé, je n'arrivais pas (13) ______ (à / de / X) éteindre l'ordinateur et ça sentait le brûlé. Mais j'hésitais (14) ______ (à / de / X) le débrancher (*unplug it*). Donc, la seule option qui me restait, c'était de le jeter dans la poubelle. À six heures et demie, mon copain informaticien est arrivé chez moi et je lui ai dit qu'il pouvait m'aider (15) ______ (à / de / X) choisir un nouvel ordinateur dans deux semaines mais que, pour le moment, j'étais en congé technologie (*technology leave*).

2 **Qu'est-ce qu'on a fait?** Complete these sentences by telling what these people are doing. Use verbs from the lesson.

Modèle

Patrick
Patrick aide sa mère à faire la cuisine de temps en temps.

1. 

2. 
3. 
4. 
5. 

1. Anne ______
2. Jean-Loup ______
3. Nadine ______
4. M. Saint-Martin ______
5. Luc et Daniel ______

3 **Composez des phrases** Combine elements from each of the three columns to make sentences. Use all the elements at least once.

Seydou est parti	pour	regarder le plan
Ma copine m'a téléphoné	sans	rester en pleine forme
Le couple est allé au Mexique		nous dire au revoir
Il a trouvé le restaurant		danser
Zoé et Florianne sont allées à la fête		passer quelques jours au soleil
Comment va-t-il répondre		gagner de l'argent
Ils travaillent au kiosque		me souhaiter (*wish*) un joyeux anniversaire
Nous faisons de l'exercice		comprendre la question

1. ______________________
2. ______________________
3. ______________________
4. ______________________
5. ______________________
6. ______________________
7. ______________________
8. ______________________

4 **À vous!** Write eight sentences about yourself, using the expressions from the list.

apprendre à	éviter de/d'	se préparer à	rêver de/d'
ne pas arriver à	se permettre de/d'	refuser de/d'	savoir + *inf.*

1. ______________________
2. ______________________
3. ______________________
4. ______________________
5. ______________________
6. ______________________
7. ______________________
8. ______________________

Nom ______________________ Date ______________________

3A.1 Prepositions with the infinitive (audio activities)

1 **Identifiez** Listen to each statement and mark an X in the column of the preposition you hear before the infinitive.

Modèle

You hear: Yasmina n'a pas pensé à acheter des fleurs.
You mark: an **X** under **à**

	à	de	pas de préposition
Modèle	X		
1.			
2.			
3.			
4.			
5.			
6.			
7.			
8.			

2 **Choisissez** You will hear some statements with a beep in place of the preposition. Decide which preposition should complete each sentence.

	à	de
1.	❍	❍
2.	❍	❍
3.	❍	❍
4.	❍	❍
5.	❍	❍
6.	❍	❍
7.	❍	❍
8.	❍	❍

3 **Finissez** You will hear incomplete sentences. Choose the correct ending for each sentence.

1. a. à sauvegarder mon document. b. de trouver la solution.
2. a. d'acheter un nouveau logiciel. b. éteindre l'ordinateur.
3. a. à sortir le soir. b. de regarder la télé.
4. a. acheter une tablette ce week-end. b. à trouver un appareil photo pas trop cher.
5. a. de fermer la fenêtre. b. éteindre l'écran
6. a. d'essayer un nouveau jeu vidéo? b. à nettoyer son bureau?

4 **Questions** Answer each question you hear in the affirmative, using the cue. Repeat the correct response after the speaker.

Modèle

You hear: Tu as réussi?
You see: fermer le logiciel
You say: **Oui, j'ai réussi à fermer le logiciel.**

1. télécharger le document
2. enregistrer
3. utiliser le casque audio
4. se connecter
5. éteindre la télévision
6. imprimer nos photos
7. jouer jusqu'à 11 heures
8. supprimer des amis

Nom ________________________ Date ________________________

3A.2 Reciprocal verbs

1 **Sens réfléchi ou sens réciproque?** Indicate whether, in the context given, each underlined verb is **réfléchi** (*reflexive*) or **réciproque** (*reciprocal*).

	Réfléchi	Réciproque
1. Todd et Linda se connaissent depuis cinq ans.	❍	❍
2. Mon frère et ma sœur s'écrivent des e-mails pour se dire bonjour.	❍	❍
3. Depuis que nous nous sommes disputés, nous ne nous parlons pas.	❍	❍
4. Il se dit qu'il a bien travaillé.	❍	❍
5. Noémie et Odile se regardent pendant qu'elles se parlent.	❍	❍
6. Noémie se regarde souvent dans le miroir et elle se trouve très belle.	❍	❍
7. On se donne des cadeaux à Noël (*Christmas*).	❍	❍
8. Les deux amoureux s'adorent.	❍	❍
9. On dit que mon frère est bizarre parce qu'il se parle beaucoup à lui-même (*himself*).	❍	❍
10. Vous vous êtes retrouvés au café Les Deux Magots?	❍	❍
11. Tu sais qu'Aurélie et Samir se sont quittés?	❍	❍
12. Parfois on s'écrit une petite note pour se souvenir de quelque chose.	❍	❍

2 **Complétez les phrases** Complete these sentences with the verbs from the list. Conjugate the verbs in the present tense using each one once.

s'aider	s'écrire	s'entendre	se retrouver
se connaître	s'embrasser	se parler	se téléphoner

1. Mes deux meilleurs amis ________________________ très bien.
2. On ________________________ tous les jours au téléphone.
3. Elles ________________________: elles se font la bise.
4. D'habitude, Nina et Emmanuelle ________________________ devant la bibliothèque.
5. Est-ce que vous ________________________ des e-mails de temps en temps?
6. Nous ________________________ une fois par an pour nous dire «joyeux anniversaire», c'est tout.
7. Est-ce que vous ________________________ déjà? J'allais vous présenter!
8. Mes deux petites sœurs ________________________ à faire leurs devoirs.

3 **Les sœurs jumelles** Aude and Rosalie are twins (**jumelles**). Complete what Aude wrote about her relationship with Rosalie. Use verbs from this lesson in the present tense.

Ma sœur et moi, on (1) ______________ bien. On (2) ______________ beaucoup dans la vie: moi, je l'aide à faire ses devoirs (c'est moi, l'intello!) et elle, elle partage ses copains avec moi (elle est très sociable). On (3) ______________ tellement bien que quand elle est un peu déprimée, je le sais et je lui téléphone pour dire que ça va aller mieux. On (4) ______________ assez souvent, mais on (5) ______________ encore plus (*even more*) souvent des e-mails depuis qu'on habite des villes différentes. On (6) ______________ bonjour presque tous les jours. Pendant les vacances, on (7) ______________ chez nos parents, à Anvers. On (8) ______________ comme des folles et on (9) ______________ jusqu'aux petites heures du matin dans notre chambre. Après, on (10) ______________ et on est triste pendant qu'on s'habitue à (*get used to*) la solitude.

4 **Deux grands amis** Complete each sentence with a past participle of one of the verbs listed. Make the participle agree with the subject unless the subject is also the indirect object of the verb.

se dire	se donner	s'embrasser	se rencontrer
se disputer	s'écrire	se parler	se retrouver

Marthe et Étienne se sont (1) ______________ pour la première fois en mai dernier, au club de sport. Ils se sont (2) ______________ des centaines (*hundreds*) d'e-mails l'été dernier. Ils se sont aussi (3) ______________ au téléphone tous les jours. En août, ils se sont (4) ______________ au club de sport encore une fois. Comme ils ne s'étaient pas vus (*hadn't seen each other*) depuis longtemps, ils se sont (5) ______________. Puis, ils se sont (6) ______________ des cadeaux et ils se sont (7) ______________ qu'ils seraient (*would be*) toujours amis. Eh bien, ils se sont (8) ______________ la semaine dernière!

5 **Votre meilleur(e) ami(e)** Answer these questions about you and your best friend.

1. Est-ce que vous vous connaissez bien? Vous vous connaissez depuis combien de temps?
____
2. Est-ce que vous vous entendez bien? Est-ce que vous vous disputez de temps en temps?
____
3. Comment vous êtes-vous rencontré(e)s la première fois?
____
4. Est-ce que vous vous donnez des cadeaux pour vos anniversaires?
____
5. Vous parlez-vous souvent au téléphone? À quelle fréquence?
____
6. Est-ce que vous vous êtes écrit des e-mails cette semaine?
____
7. Où vous retrouvez-vous d'habitude pour passer du temps ensemble?
____
8. Est-ce que vous vous aidez dans la vie? Comment?
____

Nom ______________________ Date ______________________

3A.2 Reciprocal reflexives (audio activities)

1 **Questions** Answer each question you hear in the negative. Repeat the correct response after the speaker. (*6 items*)

Modèle

Est-ce que vous vous retrouvez ici?

Non, nous ne nous retrouvons pas ici.

2 **Conjuguez** Form a new sentence using the cue you see as the subject. Repeat the correct answer after the speaker. (*6 items*)

Modèle

You hear: Marion s'entend bien avec sa famille.

You see: vous

You say: **Vous vous entendez bien avec votre famille.**

1. ils 2. vous 3. elles 4. nous 5. on 6. nos voisins

3 **Identifiez** Listen to Clara describe her relationship with her friend Anne. Listen to each sentence and write the infinitive of the reflexive verb you hear.

1. ______________________ 4. ______________________
2. ______________________ 5. ______________________
3. ______________________ 6. ______________________

4 **Les rencontres** Listen to each statement and write the number of the statement below the drawing it describes. There are more statements than there are drawings.

a. ______________

b. ______________

c. ______________

d. ______________

e. ______________

Nom ______________________ Date ______________________

Unité 3 Leçon 3B

CONTEXTES

1 **Logique ou illogique?** Indicate whether these statements are **logique** or **illogique**.

	Logique	Illogique
1. Marcel a freiné trop tard et il est rentré dans le pare-chocs de la voiture de devant.	❍	❍
2. M. Djebbar a des accidents parce qu'il respecte la limitation de vitesse.	❍	❍
3. Ma sœur attache sa ceinture de sécurité pour éviter des blessures en cas d'accident.	❍	❍
4. Antoine ne faisait pas attention au voyant allumé, et puis il est tombé en panne. Il n'y avait presque pas d'huile dans le réservoir.	❍	❍
5. Arrête de rouler si vite! On va avoir un accident.	❍	❍
6. Le mécanicien a réparé notre voiture. Maintenant, elle n'a pas de freins.	❍	❍
7. Le mécanicien m'a aidé(e) à remplacer (*replace*) le pneu crevé.	❍	❍
8. Mémé dépasse toujours la limitation de vitesse. Quand elle est au volant, on sait qu'on va rouler très lentement.	❍	❍
9. Je dois payer une amende parce que j'ai vérifié la pression des pneus.	❍	❍
10. La circulation est dense et difficile ce matin à cause d'un accident.	❍	❍

2 **Chassez l'intrus** Circle the item that doesn't belong in each set.

1. attacher, le capot, la ceinture de sécurité
2. les freins, le coffre, le permis de conduire
3. un parking, un rétroviseur, se garer
4. vérifier la pression des pneus, dépasser, faire le plein
5. une station-service, un capot, un coffre
6. rouler vite, rentrer dans une voiture, vérifier l'huile
7. recevoir une amende, réparer, dépasser la limitation de vitesse
8. l'essence, l'huile, les phares
9. les essuie-glaces, l'embrayage, le pare-brise
10. la rue, l'autoroute, le moteur

3 **Qu'est-ce que c'est?** Label the parts of the car.

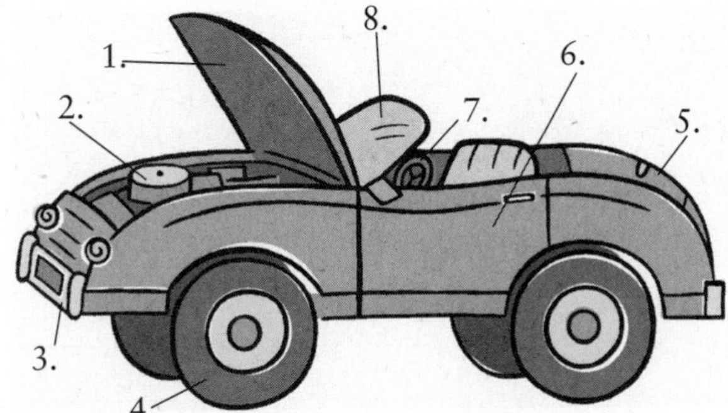

1. ______________ 5. ______________
2. ______________ 6. ______________
3. ______________ 7. ______________
4. ______________ 8. ______________

Nom _______________________ Date _______________________

4 **Complétez** Complete Adèle's description of the day she took her driving test with appropriate expressions from the lesson.

Le jour où j'ai passé mon (1) ______________ de conduire, j'étais très nerveuse! Je n' (2) ______________ pas de poser des questions à mon père: Et si (*What if*) l'inspecteur est très sévère? Et si j'ai un (3) ______________? Mon père était très calme, comme d'habitude. Moi, j'étais pressée, mais lui, non. Nous roulions sur (4) ______________, quand il a remarqué (*noticed*) qu'il n'y avait presque pas d'essence dans la voiture et il s'est donc arrêté pour (5) ______________. À la (6) ______________, il voulait (7) ______________ l'huile et la pression des pneus. J'ai crié (*shouted*) «Mais arrête de faire le mécanicien! Allons-y!» et on s'est remis en route. Dix minutes plus tard, un de nos (8) ______________ a crevé sur la route. On a passé vingt minutes à le remplacer par la roue (9) ______________. Et puis, on a remarqué qu'on avait un (10) ______________ cassé. Je me suis mise à crier «Comment est-ce possible?!» On est retourné à la station-service, où un (11) ______________ a (12) ______________ la voiture. Quinze minutes après, on est reparti. Je vous ai dit que mon père est très calme, n'est-ce pas? Eh bien, ce jour-là, il prenait son temps! Toutes les autres voitures nous (13) ______________, et on entendait des klaxons (*honking horns*). Un policier a dû remarquer que mon père roulait en dessous de (*under*) la limitation (14) ______________, et il nous a retenus pendant dix minutes avec des questions incroyables (*incredible*). Il nous a donné une (15) ______________ et il est parti en rigolant (*laughing*). Après tout ce tralala, je n'étais plus (*anymore*) nerveuse du tout. J'ai eu mon permis sans difficulté.

5 **Des solutions** Thierry isn't the best driver. For each of his complaints, suggest a way for him to avoid the problem the next time.

Modèle

Je suis rentré dans la voiture de devant.
La prochaine fois, **freine plus tôt!**

1. Je suis tombé en panne d'essence.
   La prochaine fois, ______________________________
2. J'ai un pneu crevé!
   La prochaine fois, ______________________________
3. J'ai eu trois amendes aujourd'hui. Je roulais trop vite.
   La prochaine fois, ______________________________
4. Je suis tombé en panne parce qu'il n'y avait presque pas d'huile dans le réservoir.
   La prochaine fois, ______________________________
5. Je suis en retard parce que la voiture de devant roulait très lentement.
   La prochaine fois, ______________________________

6 **De bons conducteurs!** Think of someone real or fictitious who drives really well. Write five complete sentences about his or her driving habits.

1. ______________________________
2. ______________________________
3. ______________________________
4. ______________________________
5. ______________________________

Nom ______________________ Date ______________________

CONTEXTES: AUDIO ACTIVITIES

1 **Logique ou illogique?** Listen to these statements and indicate whether each one is **logique** or illogique.

	Logique	Illogique
1.	❍	❍
2.	❍	❍
3.	❍	❍
4.	❍	❍

	Logique	Illogique
5.	❍	❍
6.	❍	❍
7.	❍	❍
8.	❍	❍

2 **Les problèmes** Listen to people complaining about problems with their car and decide whether they need to take their car to the garage to get repaired or not.

Modèle

You hear: Mon embrayage est cassé.
You mark: an **X** under **Visite chez le mécanicien nécessaire**

	Visite chez le mécanicien nécessaire	Visite pas nécessaire
Modèle	X	
1.		
2.		
3.		
4.		
5.		
6.		
7.		
8.		

3 **Décrivez** For each drawing, you will hear three brief descriptions. Indicate which description best describes the situation you see.

1. a. b. c.
2. a. b. c.

1.

2.

Nom ______________________ Date ______________________

LES SONS ET LES LETTRES

The letter x

The letter **x** in French is sometimes pronounced *-ks*, like the *x* in the English word *axe*.

ta**x**i   e**x**pliquer   me**x**icain   te**x**te

Unlike English, some French words begin with a *gz-* sound.

xylophone   **x**énon   **x**énophile   **X**avière

The letters **ex-** followed by a vowel are often pronounced like the English word *eggs*.

exemple   **exa**men   **exi**l   **exa**ct

Sometimes an **x** is pronounced *s*, as in the following numbers.

soi**x**ante   si**x**   di**x**

An **x** is pronounced *z* in a liaison. Otherwise, an **x** at the end of a word is usually silent.

deu**x e**nfants   si**x é**léphants   mieu~~x~~   curieu~~x~~

1 **Prononcez** Répétez les mots suivants à voix haute.

1. fax
2. eux
3. dix
4. prix
5. jeux
6. index
7. excuser
8. exercice
9. orageux
10. expression
11. contexte
12. sérieux

2 **Articulez** Répétez les phrases suivantes à voix haute.

1. Les amoureux sont devenus époux.
2. Soixante-dix euros! La note (*bill*) du taxi est exorbitante!
3. Alexandre est nerveux parce qu'il a deux examens.
4. Xavier explore le vieux quartier d'Aix-en-Provence.
5. Le professeur explique l'exercice aux étudiants exceptionnels.

3 **Dictons** Répétez les dictons à voix haute.

1. Les beaux esprits se rencontrent.
2. Les belles plumes font les beaux oiseaux.

4 **Dictée** You will hear eight sentences. Each will be read twice. Listen carefully and write what you hear.

1. ______________________
2. ______________________
3. ______________________
4. ______________________
5. ______________________
6. ______________________
7. ______________________
8. ______________________

Nom ______________________ Date ______________________

Roman-photo

LA PANNE

Avant de regarder

1 **Qu'est-ce qui se passe?** Look at the video still. What is Rachid doing? Consider the title and the photo, and guess what will happen in this episode.

En regardant la vidéo

2 **La voiture** Place check marks next to the car-related terms mentioned in this episode.

- ❑ 1. l'huile
- ❑ 2. les pneus
- ❑ 3. les freins
- ❑ 4. la ceinture
- ❑ 5. le capot
- ❑ 6. le voyant
- ❑ 7. le pare-brise
- ❑ 8. la station-service
- ❑ 9. les phares
- ❑ 10. le rétroviseur

3 **Qui...?** Indicate which character says each of these lines. Write **A** for Amina, **M** for the **mécanicien**, **R** for Rachid, **S** for Sandrine, or **V** for Valérie.

_______ 1. Elle est belle, votre voiture!

_______ 2. Je suis un peu pressé en fait.

_______ 3. Une vraie petite histoire d'amour, comme dans les films!

_______ 4. Elle doit être amoureuse.

_______ 5. Arrête de dire des bêtises.

_______ 6. Tiens, c'est pour toi.

_______ 7. Je peux vous aider?

_______ 8. À quelle heure est notre réservation?

4 **Mettez-les dans l'ordre** Number these events in the order in which they occur.

_______ a. Un voyant est allumé.

_______ b. Rachid a un pneu crevé.

_______ c. Rachid achète de l'essence.

_______ d. Rachid retourne à la station-service.

_______ e. Le mécanicien vérifie l'huile.

Après la vidéo

5 **Vrai ou faux?** Indicate whether these statements are **vrai** or **faux**.

	Vrai	Faux
1. À la station-service, le mécanicien vérifie la pression des pneus pour Rachid.	❍	❍
2. La voiture de Rachid est de 2005.	❍	❍
3. Rachid offre des fleurs à Amina.	❍	❍
4. À la station-service, Rachid nettoie son pare-brise.	❍	❍
5. Rachid et Amina ont un accident de voiture.	❍	❍
6. Rachid va deux fois à la station-service.	❍	❍
7. Amina est fâchée avec Rachid.	❍	❍
8. Rachid s'énerve.	❍	❍

6 **Que c'est romantique!** What happens in this episode that tells you that the relationship between Rachid and Amina has changed? Name at least three things they say or do.

7 **À vous!** Describe a time when the car you were riding in broke down or experienced mechanical issues. What happened?

Nom _______________ Date _______________

Flash culture

LA TECHNOLOGIE

Avant de regarder

1 **En ville** In this video, you are going to learn about driving in France. Make a list of French words you associate with cars and traffic.

____

____

____

____

____

2 **Les moyens de transport** Circle all of the statements that describe you.

1. J'ai une / Je n'ai pas de voiture.
2. J'ai une / Je n'ai pas de moto.
3. J'ai mon / Je n'ai pas de permis de conduire.
4. J'aime conduire / prendre le bus / prendre le métro.

En regardant la vidéo

3 **Identifiez-les** Match these images with their captions.

1. _______________

2. _______________

3. _______________

4. _______________

5. _______________

6. _______________

7. _______________

8. _______________

a. un camion commercial
b. une mobylette
c. une décapotable
d. un péage
e. une moto
f. un monospace
g. une voiture de luxe
h. un feu de signalisation

Nom ______________________ Date ______________________

4 **Répondez** Complete these sentences with words from the list, according to what Csilla says in the video. Not all words will be used.

auto-école	essence	péage	route
circulation	se garer	permis	vitesse
conduire	marcher	roule	voiture

1. En ville, il y a beaucoup de ______________________.
2. Regardez cette petite ______________________! Elle consomme très peu d'______________________.
3. On aime bien ______________________ les motos ici.
4. C'est facile pour ______________________ et on ______________________ plus vite.
5. Pour prendre l'autoroute, il faut payer au ______________________.
6. Pour avoir un ______________________ de conduire en France, il faut avoir au moins dix-huit ans.
7. On va à une ______________________ pour apprendre le code de la ______________________.
8. Moi, je préfère ______________________.

Après la vidéo

5 **Mettez-les dans l'ordre** In what order does Csilla mention these things people do at a service station?

_______ a. vérifier l'huile

_______ b. nettoyer le pare-brise

_______ c. acheter de l'essence

_______ d. vérifier la pression des pneus

6 **En ville** Answer these questions to describe your driving preferences and usual modes of transportation.

1. D'habitude, comment est-ce que vous allez au lycée?

____

____

2. Avez-vous une moto ou une voiture? Et vos parents? Quelle(s) sorte(s)?

____

____

3. Comment est la voiture de vos rêves (*dreams*)?

____

____

____

____

____

Nom ______________________ Date ______________________

STRUCTURES

3B.1 The verbs **ouvrir** and **offrir**

1 **Sélectionnez** Select the appropriate verb for each sentence.

_____	1. Est-ce que vous __________ la fenêtre quand il fait chaud ici?	a. offrons
_____	2. D'habitude, nous __________ une cravate à notre père pour son anniversaire.	b. souffre
_____	3. À quel âge les petits __________-ils le chocolat?	c. couvrez
_____	4. Elle se __________ la tête quand elle est à l'église.	d. ouvre
_____	5. Ce que (*How*) je __________ quand on me fait des piqûres!	e. offrent
_____	6. Le restaurant __________ à quelle heure?	f. ouvrez
_____	7. Nous __________ du stress pendant les examens.	g. souffrons
_____	8. Puis, __________ le poulet et laissez cuire (*cook*) pendant 20 minutes.	h. découvrez
_____	9. Vous __________ les films de Truffaut, Mme Récamier?	i. couvre
_____	10. Qu'est-ce qu'ils __________ comme cadeau à leur mère?	j. découvrent

2 **Complétez** Complete these sentences with appropriate present-tense forms of **couvrir**, **découvrir**, **offrir**, **ouvrir**, and **souffrir**.

1. Vous ne __________ pas trop de la chaleur (*heat*), j'espère?
2. Je n'__________ pas la porte avant de savoir qui est de l'autre côté.
3. Mes petits cousins __________ les jeux vidéo.
4. Mesdames, messieurs, nous vous __________ les deux pour le prix d'un!
5. Tu __________ la France en voiture?
6. Mon père __________ sa voiture de sport d'une bâche (*tarp*) pendant la nuit.
7. Mes enfants __________ terriblement quand ils n'ont pas accès à l'Internet.
8. Vous m'__________ la porte, s'il vous plaît?

3 **Des conseils** Give advice to your friend Gisèle for each situation she describes to you. Use command forms of the verbs **couvrir**, **découvrir**, **offrir**, **ouvrir**, and **souffrir**. Note that some commands have plural subjects (**nous** or **vous**).

Modèle

C'est l'anniversaire de ma mère aujourd'hui. **Offre-lui des fleurs.**

1. Il va pleuvoir; mes cheveux vont être mouillés (*wet*).

____

2. Il fait trop chaud dans cette pièce!

____

3. Quand on rentre de vacances, les meubles sont pleins de poussière.

____

4. J'ai souvent mal à la tête.

____

5. Toi et moi, nous nous ennuyons quand nous sommes à Paris.

____

6. Il y a une personne que je ne connais pas derrière la porte.

____

Nom ______________________ Date ______________________

Qu'est-ce qu'ils ont fait? Complete the caption for each illustration showing what these people did recently by providing a past participle of **couvrir, découvrir, offrir, ouvrir,** or **souffrir.**

1. Martine a été très malade.
   Elle a beaucoup ______________.

2. Josette et Alex ont ______________ la fondue suisse au restaurant.

3. Pauline et Samira ont regardé un film d'horreur.
   Elles se sont souvent ______________ les yeux.

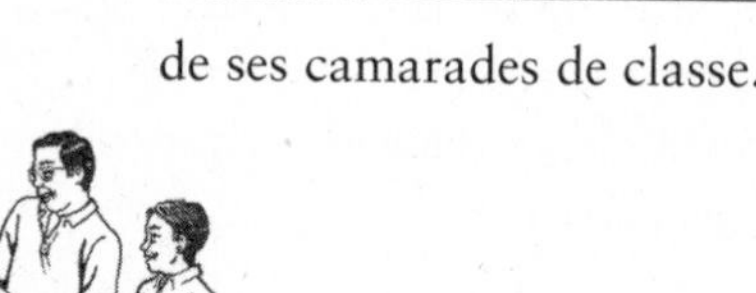

4. Nathan a ______________ un cadeau à une de ses camarades de classe.

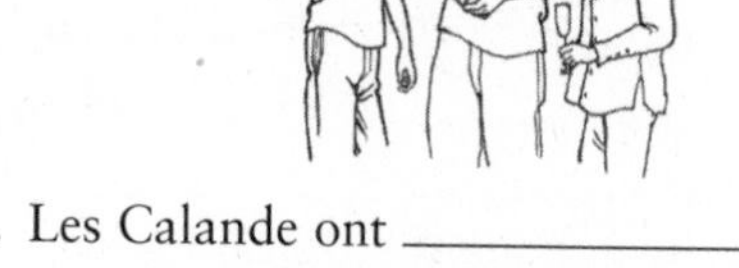

5. Les Calande ont ______________ une bouteille de cidre.

Méli-mélo Unscramble these sentences. Provide the appropriate **passé composé** form of each verb in the place of the infinitive.

1. découvrir / vieille / qu'est-ce qu' / dans / ils / valise / la / ?

   ____

2. cette / nous / restaurant / année / ouvrir / un

   ____

3. la / couvrir / d'une nappe / serveur / le / table

   ____

4. beaucoup / en 2016 / nous / souffrir

   ____

5. pour / mon / offrir / un / anniversaire / m' / mes frères / appareil photo

   ____

6. ouvrir / porte / qui / la / ?

   ____

Nom ______________________ Date ______________________

3B.1 The verbs ouvrir and offrir (audio activities)

1 Identifiez Listen to each sentence and write the infinitive of the verb you hear.

Modèle

You hear: J'offre rarement des fleurs à mes enfants.
You write: offrir

1. ______________
2. ______________
3. ______________
4. ______________
5. ______________
6. ______________
7. ______________
8. ______________

2 Conjuguez Form a new sentence using the cue you see as the subject. Repeat the correct answer after the speaker. (*6 items*)

Modèle

You hear: Il ouvre le magasin tous les matins.
You see: nous
You say: **Nous ouvrons le magasin tous les matins.**

1. je 2. nous 3. ils 4. vous 5. tes amis 6. tu

3 Questions Answer each question you see using the cue. Repeat the correct response after the speaker.

Modèle

You hear: Comment tu as ouvert ce fichier?
You see: avec un mot de passe
You say: **Je l'ai ouvert avec un mot de passe.**

1. un nouvel ordinateur
2. il y a deux jours
3. le soir
4. rarement
5. un voyage au Maroc
6. de cuir (*leather*)

4 Décrivez For each drawing, you will hear two statements. Choose the one that corresponds to the drawing.

1. 

2. 

3. 

4. 

1. a. b.
2. a. b.
3. a. b.
4. a. b.

3B.2 Le conditionnel

1 **Soyons sympas** Fill in the blanks with the conditional forms of these verbs.

1. Je voudrais (vouloir) une baguette, s'il vous plaît.
2. Est-ce que vous auriez (avoir) la gentillesse (*kindness*) de m'envoyer une brochure?
3. Dis, tu n' aurais (avoir) pas un stylo? Je n'en ai pas.
4. Bonjour, Madame. Est-ce que je pourrais (pouvoir) parler à Jean-Yves?
5. On aimerait (aimer) regarder un film ce soir. Papa, est-ce qu'on peut aller au cinéma?
6. Mme Ducharme, est-ce que vous veniriez (venir) nous chercher à la gare?
7. Tu ne devrais (devoir) pas mettre la sonnerie de ton portable si fort. Ça fait mal aux oreilles.
8. Nous voudrions (vouloir) des jeux vidéo pour Noël (*Christmas*).
9. J' aimerais (aimer) savoir pourquoi tu es parti sans me dire au revoir.
10. Vous devriez (devoir) mettre de beaux vêtements pour la fête.

2 **Écrivez des légendes** Write a caption for each illustration telling what the person or people would do if they had a day off.

Modèle

Tu nettoierais ta chambre.

1.

2.

3.

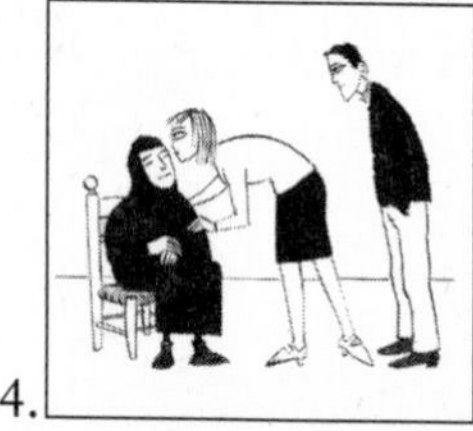

4.

5.

1. Je lirais le magazine.
2. Tu parlerais avec tamies.
3. Nous courririons au parc.
4. Amira et son frère Hassan diraient à mère.
5. Vous réveilleriez à 8h30.

Nom ______________________ Date ______________________

3 **Complétez** Complete these sentences telling what people would do if they won a large sum of money. Conjugate the verbs from the list so that they are in the conditional.

acheter	construire	dîner	partager
aider	devenir	donner	voyager

1. Vous ______________________ tous les jours au restaurant.
2. On ______________________ les chats et les chiens de notre ville qui n'ont pas de maison.
3. Patrick et moi ______________________ l'argent 50/50.
4. Je ______________________ artiste ou poète.
5. Tu ______________________ en Chine et au Japon.
6. Mes frères ______________________ une nouvelle télé et un lecteur de DVD.
7. Sœur Marie-Thérèse ______________________ tout l'argent à des organismes de charité.
8. Les Jacob ______________________ une nouvelle maison.

4 **Réécrivez** Rewrite these sentences so that they describe what *would happen* rather than what *is happening*. Replace the verb in the indicative with one in the conditional.

1. Tu envoies de temps en temps des e-mails à Rodrigue.
   ____
2. Les élèves choisissent un mot de passe.
   ____
3. Nous éteignons les écrans avant de quitter la salle de classe.
   ____
4. Je sauvegarde souvent le document.
   ____
5. Maman achète une tablette tactile pour la famille.
   ____
6. Vous êtes en ligne tous les soirs pendant des heures.
   ____

5 **Des scénarios** Complete each of these statements by indicating what would or should happen in each scenario. Use verbs in the conditional, and remember that the verb **devoir** in the conditional means *should*.

Modèle

Avec ma voiture idéale *je ne tomberais jamais en panne.*

1. Dans un monde idéal, il n'y ______________________.
2. Vous n'avez pas d'argent? À votre place (*In your place*), je/j' ______________________.
3. On n'a pas cours lundi. On ______________________.
4. Dans un monde parfait, les gens ______________________.
5. C'est ton anniversaire aujourd'hui! Tu ______________________.

Nom ______________________ Date ______________________

3B.2 Le conditionnel (audio activities)

1

Choisissez Listen to each sentence and decide whether you hear a verb in the indicative or the conditional.

1. indicatif conditionnel
2. indicatif conditionnel
3. indicatif conditionnel
4. indicatif conditionnel
5. indicatif conditionnel
6. indicatif conditionnel
7. indicatif conditionnel
8. indicatif conditionnel

2

Identifiez Listen to each sentence and write the infinitive of the conjugated verb you hear.

Modèle

You hear: Nous pourrions prendre l'autre voiture.
You write: pouvoir

1. ______________________ 4. ______________________
2. ______________________ 5. ______________________
3. ______________________ 6. ______________________

3

Identifiez Listen to Ophélie talk about what her life would be like if she had a car. Write the missing verbs.

Je (1) ______________________ une voiture à tout prix (*at any price*)! Si j'avais une voiture, je (2) ______________________ travailler loin de la maison. Je (3) ______________________ besoin de prendre le train et le bus. Mes amis et moi (4) ______________________ souvent en voiture au centre-ville pour faire du shopping ou voir des films. Et on (5) ______________________ parfois ensemble au restaurant. Ce (6) ______________________ bien! Et puis, le week-end, on (7) ______________________ tard à la maison. Mais avant d'acheter une voiture, je (8) ______________________ avoir mon permis de conduire!

4

Complétez Form a new sentence using the cue you hear as the subject. Repeat the correct response after the speaker. (*6 items*)

Modèle

Je vérifierais la pression des pneus. (le mécanicien).
Le mécanicien vérifierait la pression des pneus.

Unité 3

Savoir-faire

PANORAMA

1 **Des gens célèbres** Match each description with the name of a famous person.

______ 1. homme politique et philosophe est l'une des figures importantes de la rébellion de la Corse.

______ 2. Cet écrivain et cinéaste de Marseille a écrit *La Gloire de mon père*.

______ 3. Cette championne du patinage artistique (*figure skating*) est née à Nice.

______ 4. Cet homme est surtout connu pour ses travaux d'astrologie.

______ 5. Cette actrice a gagné le prix d'interprétation féminine au Festival de Cannes en 1974.

______ 6. Ce chanteur français a chanté dans plusieurs opérettes.

a. Nostradamus
b. Surya Bonaly
c. Marie-Josée Nat
d. Pasquale Paoli
e. Tino Rossi
f. Marcel Pagnol

2 **Des images** Write a one-sentence caption in French to accompany each of these images.

1. 2. 3.

4. 5. 6.

1. ______________________
2. ______________________
3. ______________________
4. ______________________
5. ______________________
6. ______________________

3 **Vrai ou faux?** Indicate whether each of these statements is **vrai** or **faux**.

	Vrai	Faux
1. Porto-Vecchio se trouve en Provence-Alpes-Côte d'Azur.	❍	❍
2. La parfumerie est l'une des principales industries en Provence-Alpes-Côte d'Azur.	❍	❍
3. Le premier Festival international du film à Cannes a eu lieu en 1964.	❍	❍
4. Le tourisme est l'industrie la plus importante de Grasse.	❍	❍
5. Le Festival International du Film a lieu (*takes place*) chaque année à Cannes.	❍	❍
6. Napoléon s'est déclaré Empereur en 1804.	❍	❍
7. Chaque année, il y a une vingtaine de films en compétition au Festival International du Film.	❍	❍
8. Des vedettes (*movie stars*) assistent au Festival du Film à Grasse.	❍	❍

Nom ______________________ Date ______________________

4 **Des couleurs et des arômes** Complete each of these statements about the cultivation of flowers in the South of France.

1. ____________________ est l'une des industries principales du sud-est de la France.
2. On cultive des fleurs à Grasse depuis le ____________________.
3. Parmi les fleurs cultivées à Grasse, on compte la ____________________, la ____________________ et la ____________________.
4. ____________________ est un des grands fabricants (*makers*) de parfum du sud de la France.

5 **Les villes de la région** Write the names of the towns described by the clues.

1. C'est la ville où l'on trouve le palais des Papes. ___ V ___ ___ N ___ N
2. Cette très grande ville de la côte (*coast*) se situe entre la Camargue et Toulon.
   M ___ ___ ___ E ___ L ___ ___
3. Cette ville est la capitale mondiale de la parfumerie. G ___ ___ S ___ ___
4. Cette ville est le lieu de naissance de Napoléon. ___ J ___ ___ C ___ ___
5. De riches vacanciers anglais ont donné leur nom à la célèbre promenade de cette ville. ___ I C ___
6. Cette ville organise le festival du film le plus connu (*most famous*) du monde. ___ ___ N N ___ S

6 **Des mots cachés camarguais** First, use the clues to identify some expressions related to the Camargue. Then find the words in the puzzle.

1. On appelle les ________________ les cow-boys camarguais.
2. C'est l'un des oiseaux exotiques qu'on trouve en Camargue: le ________________.
3. En Camargue, on voit (*sees*) ces grands ________________ noirs.
4. Le meilleur (*best*) ami du cow-boy camarguais est un cheval ________________.

F A R E B C D U Î G A E J G F
X L B K T L F Y M P J S Z A W
Z P A I F F H L M U W O C R J
S N C M B Â Y J G Q J R N D B
G Z W N A E N F J Q I P A I X
A R N X S N C P T S É A L A A
T Y O A A H T A L M U O B N U
R V T Q H Z U R L B K U C S L
O C H B O R S Q O M E N P Z V
H J M E E C T C B S J F S R X
Q Z J A N C D U U U E Q P Q B
J H U K C X A I Z H U L Y X O
I X W É T A N G S V E R Z A Q
S U Y A X G Y G A W H W M O C
C D X I O I W D O S I A R A M

Nom _______________ Date _______________

Unité 4

Leçon 4A

CONTEXTES

1 **À la banque** There is a long line at the bank, so Marion has plenty of time to see what is going on around her. Fill in the blanks with the appropriate words and expressions. Make all the necessary changes and agreements.

accompagner	emprunter
un compte bancaire	remplir un formulaire
un compte d'épargne	retirer de l'argent
une dépense	signer

1. La vieille dame a des difficultés à _______________ parce que c'est écrit trop petit et qu'elle n'a pas ses lunettes.
2. Une étudiante va ouvrir _______________ afin de pouvoir recevoir de l'argent de ses parents.
3. Un homme demande des explications sur _______________ qu'il n'a pas faite, mais qui apparaît sur son relevé de compte (*statement*). Il pense qu'il doit y avoir plus d'argent sur son compte.
4. Une petite fille _______________ sa maman.
5. Un homme d'affaires _______________ de l'argent pour créer une nouvelle entreprise (*start a new business*).
6. Une adolescente veut _______________ de son compte, mais elle a besoin de l'autorisation de ses parents.
7. Un homme n'a pas _______________ son chèque avant de le donner au banquier.
8. Moi, je veux déposer de l'argent sur _______________ parce que j'économise (*save*) pour les vacances.

2 **Les publicités** Fill in the blanks with the type of store each ad promotes.

1. «N'oubliez pas de faire vos réservations pour les fêtes et venez déguster nos plats spéciaux.» _______________
2. «Vous avez besoin d'un crayon, d'un cahier ou bien de fournitures (*supplies*) pour votre bureau? Nous sommes toujours à votre service.» _______________
3. «Vous n'avez pas envie de faire la queue au guichet (*counter*)? Pas de problème. Nous avons beaucoup de distributeurs automatiques. _______________
4. «Besoin d'un cadeau qu'elle ne va jamais oublier? Venez voir (*to see*) notre nouvelle collection.» _______________
5. «Nous proposons maintenant des soins du visage (*skincare*) pour les hommes.» _______________
6. «Quand vous venez acheter des timbres, demandez ceux pour la commémoration du premier 'rendez-vous' à Fort Williams.» _______________

Nom ______________________ Date ______________________

3 **Au bureau de poste** Look at the drawing and write a caption for each numbered item or action.

1. ______________________
2. ______________________
3. ______________________
4. ______________________
5. ______________________
6. ______________________
7. ______________________
8. ______________________

4 **Vrai ou faux?** Read these statements and indicate whether they are **vrai** or **faux**. Correct the false statements.

1. Quand il y a beaucoup de personnes dans un magasin, il faut remplir un formulaire.

   ____

2. On peut avoir un compte bancaire à la mairie.

   ____

3. Si on veut se marier, il faut aller à la mairie.

   ____

4. On peut acheter un magazine à la laverie.

   ____

5. Quelquefois, les magasins sont fermés le dimanche.

   ____

6. On va au salon de beauté pour prendre un sandwich et un café.

   ____

7. On peut envoyer un grand colis dans une boîte aux lettres.

   ____

8. On peut retirer de l'argent à un distributeur automatique.

   ____

Nom ______________________ Date ______________________

CONTEXTES: AUDIO ACTIVITIES

1 **Logique ou illogique?** Listen to these sentences and indicate whether each one is **logique** or illogique.

	Logique	Illogique
1.	❍	❍
2.	❍	❍
3.	❍	❍
4.	❍	❍
5.	❍	❍
6.	❍	❍
7.	❍	❍
8.	❍	❍

2 **Les courses** Look at the drawing and listen to Rachel's description of her day. During each pause, write the name of the place she went. The first one has been done for you. **Attention!** Rachel visited one of these places twice.

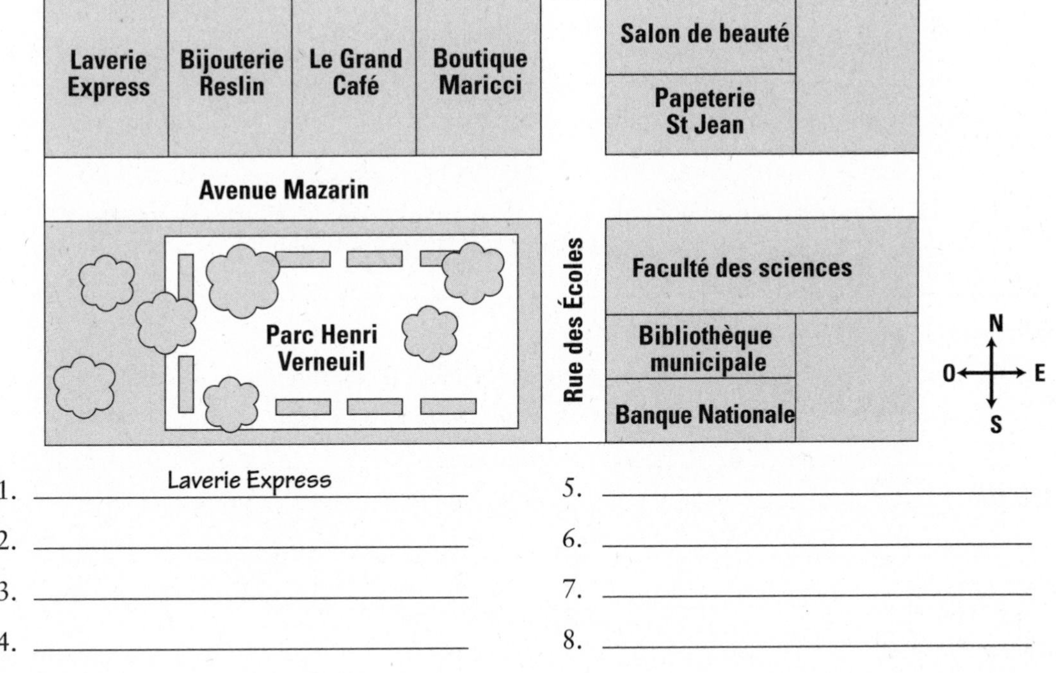

1. Laverie Express
2. ______________________
3. ______________________
4. ______________________
5. ______________________
6. ______________________
7. ______________________
8. ______________________

3 **Questions** Answer each question you hear using vocabulary from the lesson. Repeat the correct response after the speaker. (*6 items*)

Modèle

Où peut-on acheter une nouvelle jupe?

On peut acheter une nouvelle jupe à la boutique.

Nom ____________________ Date ____________________

LES SONS ET LES LETTRES

The letter h

You already know that the letter **h** is silent in French, and you are familiar with many French words that begin with an **h muet**. In such words, the letter **h** is treated as if it were a vowel. For example, the articles **le** and **la** become **l'** and there is a liaison between the final consonant of a preceding word and the vowel following the **h**.

l'heure   l'homme   des hôtels   des hommes

Some words begin with an **h aspiré**. In such words, the **h** is still silent, but it is not treated like a vowel. Words beginning with **h aspiré**, like these you've already learned, are not preceded by **l'** and there is no liaison.

la honte   les haricots verts   le huit mars   les hors-d'œuvre

Words that begin with an **h aspiré** are normally indicated in dictionaries by some kind of symbol, usually an asterisk (*).

1 **Prononcez** Répétez les mots suivants à voix haute.

1. le hall
2. le handicap
3. l'humeur
4. la honte
5. le héron
6. l'horloge
7. l'horizon
8. le hippie
9. l'hilarité
10. la Hongrie
11. l'hélicoptère
12. les hamburgers
13. les hiéroglyphes
14. les hors-d'œuvre
15. les hippopotames
16. l'hiver

2 **Articulez** Répétez les phrases suivantes à voix haute.

1. Hélène joue de la harpe.
2. Hier, Honorine est allée à l'hôpital.
3. Le hamster d'Hervé s'appelle Henri.
4. La Havane est la capitale de Cuba.
5. L'anniversaire d'Héloïse est le huit mars.
6. Le hockey et le hand-ball sont mes sports préférés.

3 **Dictons** Répétez les dictons à voix haute.

1. La honte n'est pas d'être inférieur à l'adversaire, c'est d'être inférieur à soi-même.
2. L'heure, c'est l'heure; avant l'heure, c'est pas l'heure; après l'heure, c'est plus l'heure.

4 **Dictée** You will hear eight sentences. Each will be read twice. Listen carefully and write what you hear.

1. ____________________
2. ____________________
3. ____________________
4. ____________________
5. ____________________
6. ____________________
7. ____________________
8. ____________________

Nom ______________________ Date ______________________

Roman-photo

ON FAIT DES COURSES.

Avant de regarder

1 **Qu'est-ce qui se passe?** Read the title, look at the photo, and guess what might happen in this video module. What words and expressions do you expect to hear?

____

____

____

____

____

En regardant la vidéo

2 **En ville** Place check marks next to the places mentioned in this video module.

- ❑ 1. un bureau de poste
- ❑ 2. une banque
- ❑ 3. un cybercafé
- ❑ 4. une bijouterie
- ❑ 5. une laverie
- ❑ 6. une brasserie
- ❑ 7. une papeterie
- ❑ 8. un salon de beauté
- ❑ 9. un marchand de journaux
- ❑ 10. une boutique
- ❑ 11. un parc
- ❑ 12. un commissariat de police

3 **Complétez** Watch the first two segments as Amina and Rachid run errands, and complete these sentences according to what the characters say. Not all words in the list will be used.

banque	billets	chèque	liquide	salade
bijouterie	boutique	courses	poste	tranches

1. Bonjour, Madame, quatre ________________ de pâté et de la ________________ de carottes pour deux personnes, s'il vous plaît.
2. Ah désolée, Monsieur, nous n'acceptons que les paiements en ________________ ou par ________________.
3. Je dois aller à la ________________ pour acheter des timbres et envoyer quelques cartes postales, et puis je voudrais aller à la ________________.
4. J'ai quelques ________________ à faire plus tard cet après-midi.
5. Et après ça, je dois passer à la ________________.

4 **Mettez-les dans l'ordre** Number these events in the order in which they occur.

_______ a. Les quatre amis se rencontrent.
_______ b. Sandrine invite Rachid et Amina à aller dans une brasserie.
_______ c. Rachid commande des provisions pour un pique-nique.
_______ d. Rachid emprunte de l'argent à Amina.
_______ e. David et Sandrine cherchent un distributeur automatique.
_______ f. David invite Sandrine à aller dans une brasserie.
_______ g. Rachid découvre qu'il n'a pas de liquide.
_______ h. Amina et Rachid arrivent au distributeur automatique.

Après la vidéo

5 **Vrai ou faux?** Indicate whether these statements are **vrai** or **faux**.

	Vrai	Faux
1. La banque est fermée.	❍	❍
2. Sandrine n'aime pas la cuisine alsacienne.	❍	❍
3. La charcuterie accepte les cartes de crédit.	❍	❍
4. Amina veut acheter des cartes postales.	❍	❍
5. Les quatre amis vont aller dans une brasserie ensemble.	❍	❍
6. Aujourd'hui, c'est samedi.	❍	❍

6 **Expliquez** Read the caption and explain what is happening in this photo.

—Alors! On n'a plus besoin de chercher un cyberhomme?
—Pour le moment, je ne cherche personne.

____
____
____
____
____
____
____
____

7 **À vous!** Describe a day in which you ran several errands. Tell where you went and what you did at each place. Mention at least four different places.

1. ____
____
2. ____
____
3. ____
____
4. ____
____

Nom ______________________ Date ______________________

Flash culture

EN VILLE

Avant de regarder

1 **Les petits commerçants** In this video, you're going to learn about shopping in small stores in France. In preparation for watching the video, make a list in French of various types of shops and boutiques.

______________________ ______________________
______________________ ______________________
______________________ ______________________
______________________ ______________________
______________________ ______________________

En regardant la vidéo

2 **Complétez** Watch as Benjamin visits a post office, and complete the conversation with the words that he says.

argent	commerces
boîte aux lettres	distributeur automatique
bureau de poste	marchand de journaux
cartes postales	timbres

Nous sommes devant le (1) ______________________. Il est fermé maintenant, mais ce n'est pas grave, j'ai déjà acheté les (2) ______________________. J'ai des (3) ______________________ à envoyer à mes amis. Voici une (4) ______________________. Bon, maintenant, je dois trouver un (5) ______________________ pour retirer de l' (6) ______________________, et puis je vais aller chez le (7) ______________________. Je vais aussi vous montrer d'autres (8) ______________________. Allons-y!

3 **Dans quel ordre?** Number these places in the order in which they are mentioned in the video.

_______ a. une laverie
_______ b. une boucherie
_______ c. une cafétéria
_______ d. un distributeur automatique
_______ e. un chocolatier
_______ f. un centre commercial
_______ g. une papeterie
_______ h. un marchand de journaux
_______ i. une bijouterie
_______ j. un salon de coiffure
_______ k. une boulangerie
_______ l. une charcuterie

Nom ______________________ Date ______________________

Après la vidéo

4 **Vrai ou faux?** Indicate whether these statements are **vrai** or **faux**.

	Vrai	Faux
1. Les hypermarchés sont très grands.	❍	❍
2. En général, les centres commerciaux se trouvent au centre-ville.	❍	❍
3. Pour acheter du jambon, on va à la boucherie.	❍	❍
4. On peut souvent acheter du papier et des livres dans le même magasin.	❍	❍
5. Normalement, on trouve une cafétéria dans un centre commercial.	❍	❍

5 **Où est-ce qu'on va pour...?** Where might you go in France to do these things?

1. envoyer une lettre ______________________
2. acheter un livre ______________________
3. se faire couper les cheveux ______________________
4. acheter du bœuf ______________________
5. laver les vêtements ______________________
6. acheter du pain ______________________
7. avoir une manucure ______________________
8. acheter un journal ______________________

6 **À vous!** In this segment, you saw many types of businesses that may be similar to or different from those where you live. Which places in this video segment also exist where you live? Which do you frequent? Which types of business are not as common in your area? Do you think they should be?

Nom ____________________ Date ____________________

STRUCTURES

4A.1 Voir, croire, recevoir, and apercevoir

1 **En ville** Use the following elements to create complete sentences. Conjugate the verbs in the present tense.

1. tu / apercevoir / la boîte aux lettres / devant / la mairie / ?
2. nous / ne pas voir / le distributeur automatique
3. je / croire / que / la poste / se trouver / en face de / le commissariat de police
4. vous / ne pas voir / que / la banque / être / fermé / ?
5. on / croire / que / vous / pouvoir / payer / par chèque / à / le bureau de poste
6. Apolline et Fouad / ne pas recevoir / les e-mails / de l'association des lycéens
7. le marchand de journaux / ne pas voir / les pièces de monnaie
8. tu / croire / que / la laverie / être / ouvert / le dimanche / ?

2 **Le courrier** Use the cues provided to conjugate the verb **recevoir** in the appropriate tense.

Modèle

hier / Magali

Hier, Magali a reçu des photos.

il y a deux jours / nous

1. ____________________

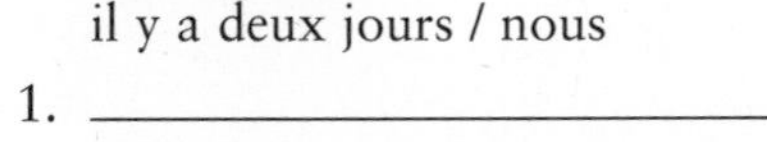

elle / maintenant

2. ____________________

le matin / je

3. ____________________

vous / chaque semaine

4. ____________________

3 **Reliez** Make complete sentences by matching each item in the first column with the appropriate item in the second column.

______	1. Est-ce que vous	a. reçois parfois des cartes postales de ma nièce.
______	2. D'ici, on	b. aperçoivent le marchand de glaces.
______	3. Mme Ben Brahim a	c. vu le nouveau salon de beauté en ville?
______	4. Nous	d. s'aperçoit que la banque est fermée.
______	5. Je	e. cru voir le facteur passer, mais elle n'a pas reçu de courrier.
______	6. Nous nous sommes	f. apercevons la boîte aux lettres devant le bureau de poste.
______	7. Ah, non! Les enfants	g. recevez beaucoup de clients dans votre boutique?
______	8. Tu n'as pas	h. revus samedi à la brasserie.

4 **Un dimanche matin** You are writing to your best friend about your vacation with your family. Here are some of the notes you wrote for your letter. Conjugate the verb in parentheses in the appropriate tense.

1. Ce matin, je/j' ________________ (s'apercevoir) que j'avais oublié de t'écrire.
2. Ce matin, il y avait beaucoup de brouillard (*fog*) et je ne pouvais même pas ________________ (apercevoir) les maisons de l'autre côté de la rue.
3. La lettre que tu as envoyée il y a un mois, je la/l' ________________ (recevoir) seulement hier.
4. Quand est-ce que je te/t' ________________ (recevoir) ici? Tu sais que tu peux venir quand tu veux (*want*).
5. Je crois que je/j' ________________ (apercevoir) un ami d'enfance à la poste, hier.
6. Je ne retrouve pas mon livre de Maupassant. Écris-moi si tu le/l' ________________ (apercevoir) quelque part dans l'appartement.

5 **Au commissariat** Amélie has been asked by the police to come to the station. Fill in the blanks with the correct forms of the verb **recevoir**, **apercevoir**, or **s'apercevoir**.

L'AGENT Je suis heureux de voir que vous (1) ________________ votre convocation (*notification*). Pouvez-vous me dire quand vous (2) ________________ le suspect?

AMÉLIE Je le/l' (3) ________________ lundi dernier à 9h30 devant le marchand de journaux.

L'AGENT Est-ce que le suspect (4) ________________ de votre présence?

AMÉLIE Non, je ne crois pas, mais nous (5) ________________ un courrier bizarre ce matin: une lettre blanche.

L'AGENT Est-ce que je peux voir la lettre que vous (6) ________________?

AMÉLIE Non, malheureusement, mon mari l'a jetée (*threw it away*) immédiatement.

L'AGENT Si vous en (7) ________________ une autre, il faut nous l'apporter. N'hésitez pas à nous contacter si vous (8) ________________ une personne suspecte près de chez vous.

Nom ________________ Date ________________

4A.1 Voir, croire, recevoir, and apercevoir (audio activities)

1

Choisissez You will hear some sentences with a beep in place of the verb. Circle the form of **voir**, **recevoir**, **apercevoir**, or **croire** that correctly completes each sentence.

Modèle

You hear: Jeanne *(beep)* Guillaume à la banque.
You see: aperçoit avons aperçu
You circle: **aperçoit**

1. aperçois	aperçoit	4. reçoit	aperçoit
2. ont reçu	ont cru	5. as aperçu	as cru
3. reçois	reçoit	6. voient	croient

2

Conjuguez Restate each sentence or question using the cue you see as the subject. Repeat the correct answer after the speaker.

Modèle

You hear: Vous recevez cette chaîne ici?
You see: tu
You say: **Tu reçois cette chaîne ici?**

1. je	3. nous	5. vous
2. il	4. nous	6. vous

3

La liste Look at Hervé's shopping list for the holidays and answer each question you hear. Repeat the correct response after the speaker. (6 *items*)

Aurore	*un rendez-vous dans un salon de beauté*
grands-parents	*un voyage à la Martinique*
cousin François	*du papier à lettres*
parents	*un lecteur de DVD et un smartphone*
Jean-Michel	*une montre*

4

Questions Answer each question you hear using the cue you see. Repeat the correct response after the speaker.

Modèle

You hear: Où est-ce qu'il a aperçu la poste?
You see: en face
You say: **Il a aperçu la poste en face.**

1. le 19	4. la semaine dernière
2. à la poste	5. devant la banque
3. le mois de janvier	6. oui

Nom ______________________ Date ______________________

4A.2 Negative/Affirmative expressions

1 **Les antonymes** For each item provided, write the negative expression that means the opposite.

1. toujours ≠ ______________
2. encore ≠ ______________
3. quelqu'un ≠ ______________
4. quelque chose ≠ ______________
5. tout ≠ ______________
6. et… et ≠ ______________

2 **Un travail difficile** Your friend is writing to you about his new job at the student activities office. Complete each sentence with the most appropriate negative word or expression from the list.

aucun(e)… ne/n'	ne/n'… ni… ni	personne ne/n'
ne/n'… aucun(e)	ne/n'… plus personne	rien ne/n'
ne/n'… jamais	ne/n'… que/qu'	

1. Je ______________ aime ______________ mes horaires ______________ mon salaire.
2. Je ______________ ai ______________ une demi-heure pour déjeuner.
3. Je ______________ ai ______________ le temps de manger à midi.
4. ______________ est content des activités proposées.
5. Il ______________ y a ______________ à l'accueil (*reception*).
6. Je ______________ ai ______________ aide pour préparer les sorties (*field trips*).
7. ______________ étudiant ______________ veut travailler ici.
8. ______________ est vraiment bien ici.

3 **Les différences d'opinion** You and your little brother are talking about errands you ran this morning, yet you don't seem to agree on what happened. Rewrite each sentence to say that the opposite happened.

1. Nous avons trouvé tous les cadeaux que nous cherchions.

   ____
2. Il nous reste toujours de l'argent.

   ____
3. Nous avons parlé à tous nos amis.

   ____
4. Tout était cher.

   ____
5. Tout le monde faisait les magasins.

   ____

Nom ______________________ Date ______________________

4 **À la poste** You are waiting in line at the post office. You need help from the clerk for a few things, but he is in a really bad mood and always answers in the negative. Complete each sentence by selecting the appropriate negative word or expression in parentheses.

1. Nous n'avons ____________ (pas / rien / aucun) distributeur automatique qui fonctionne.
2. Il ne me reste ____________ (plus / que / aucun) de timbres de cette collection.
3. Votre colis ne va ____________ (que / rien / jamais) arriver à temps pour les fêtes.
4. ____________ (Aucun / Jamais / Personne) d'autre ne peut vous aider.
5. Nous n'acceptons ____________ (rien / aucun / que) les billets de moins de 50 euros.
6. Il n'y a ____________ (pas / rien / jamais) d'autre à faire.
7. Nous ne faisons ____________ (rien / personne / pas) ce genre (*kind*) de chose.
8. ____________ (Pas / Rien / Aucune) enveloppe n'est en vente ici.

5 **L'entretien** Your big sister gave negative responses to all of the questions she was asked during a job interview. Write her answers in complete sentences.

1. Est-ce que vous avez un diplôme en économie d'entreprise?

   ____

2. Avez-vous déjà travaillé dans une grande entreprise?

   ____

3. Faites-vous toujours du volontariat (*voluntary service*)?

   ____

4. Êtes-vous intéressé(e) par des heures supplémentaires?

   ____

5. Est-ce que quelque chose vous dérange (*disturb*) dans le travail de nuit?

   ____

6. Est-ce que vous connaissez quelqu'un qui travaille dans cette entreprise?

   ____

7. Savez-vous utiliser le logiciel *Excellence* et le logiciel *Magenta*?

   ____

8. Est-ce qu'il y a quelque chose d'autre que je dois savoir?

   ____

Nom ______________________ Date ______________________

4A.2 Negative/Affirmative expressions (audio activities)

1 **Identifiez** Listen to each statement and mark an X in the column of the negative expression you hear.

Modèle

You hear: Je ne reçois jamais de lettre.
You mark: an **X** under **ne... jamais**

	ne… rien	ne… que	personne	ne… personne	ne… jamais	ne… plus
Modèle					X	
1.						
2.						
3.						
4.						
5.						
6.						
7.						
8.						

2 **Transformez** Change each sentence you hear to say the opposite is true. Repeat the correct answer after the speaker. (*6 items*)

Modèle

Je vais toujours à cette agence.
Je ne vais jamais à cette agence.

3 **Questions** Answer each question you hear in the negative. Repeat the correct response after the speaker. (*6 items*)

Modèle

Vous avez reçu quelqu'un aujourd'hui?
Non, nous n'avons reçu personne.

4 **Au téléphone** Listen to this phone conversation between Philippe and Sophie. Then decide whether the statements are **vrai** or **faux**.

	Vrai	Faux
1. Philippe ne peut voir personne aujourd'hui.	❍	❍
2. Il n'a jamais organisé de rendez-vous.	❍	❍
3. Le service de Sophie n'a rien reçu.	❍	❍
4. Il n'y a aucun rendez-vous pour le lundi matin.	❍	❍
5. Il ne reste de rendez-vous que pour le lundi matin.	❍	❍

Unité 4

Leçon 4B

CONTEXTES

1 **Les définitions** For each definition, write the corresponding word or expression from the lesson.

1. En France, la plus célèbre est celle des Champs-Élysées. C'est ______________.
2. Si on conduit, il faut s'arrêter quand il est rouge. C'est ______________.
3. Si on veut traverser une rivière sans se mouiller (*getting wet*), on doit l'utiliser. C'est ______________.
4. C'est la direction opposée au sud. C'est ______________.
5. Ne plus savoir où on est, c'est ______________.
6. Quand on essaie de trouver son chemin, c'est ______________.
7. On peut s'y asseoir dans un parc. C'est ______________.
8. C'est l'intersection de deux routes. C'est ______________.

2 **Où ça?** Identify the final destination for each set of directions.

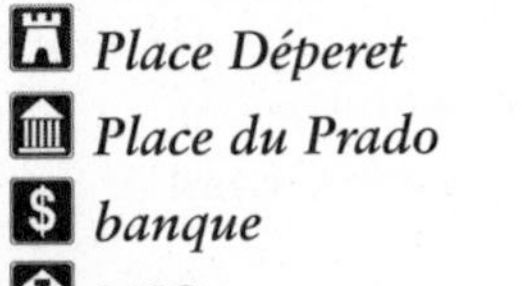

Place Déperet
Place du Prado
banque
MJC
pharmacie
église
métro
école
parking
bijouterie
magasin de chaussures
Café du Septième

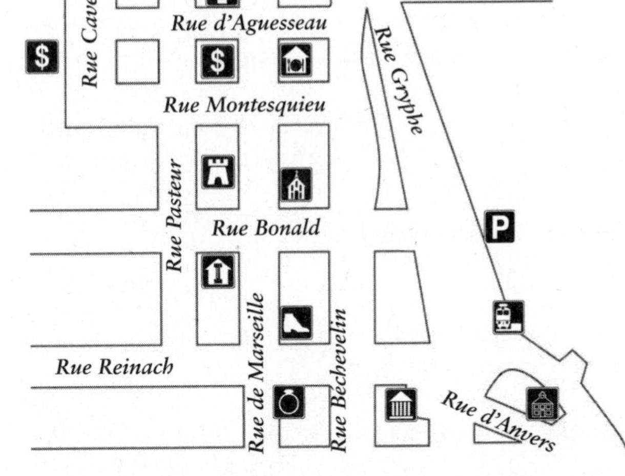

1. Vous êtes sur la place du Prado. Prenez la rue Reinach vers l'ouest. Tournez à droite dans la rue Pasteur. Continuez jusqu'à la rue Montesquieu. Tournez à gauche. Vous ne pouvez pas le manquer (*miss*).

   ____

2. Quand vous sortez de la banque, prenez la rue Montesquieu jusqu'à la rue Béchevelin. Tournez à droite et continuez jusqu'à la rue Reinach. Tournez à gauche. Pour aller à l'endroit que vous cherchez, traversez la rue Gryphe. Ce n'est pas très loin de l'école.

   ____

3. Quand vous sortez du parking rue Gryphe, prenez la rue Bonald en face de vous. Continuez jusqu'au carrefour de la rue de Marseille. Traversez la rue de Marseille. C'est sur votre droite. Vous ne pouvez pas la manquer.

   ____

4. Quand vous êtes à la bijouterie, remontez la rue de Marseille toujours tout droit jusqu'à la rue d'Aguesseau. Tournez à gauche. Elle se trouve sur votre droite, en face de la banque.

   ____

Nom ______________________________ Date ______________________________

3 **L'orientation** Look at the illustration on pp. 222-223 of your textbook and complete each sentence by selecting the most appropriate verb in parentheses. Conjugate it in the appropriate tense.

1. Je pense que la voiture va ______________________ (tourner / se déplacer / traverser) le pont.
2. Un homme ______________________ (tourner / descendre / continuer) l'escalier. Peut-être qu'il va pouvoir nous aider.
3. L'homme ______________________ (tourner / suivre / continuer) la femme car (*because*) il ne sait pas comment ______________________ (être perdu / traverser / s'orienter).
4. On va ______________________ (se déplacer / tourner / monter) l'escalier pour avoir une meilleure vue du parc.
5. Regardons le plan. Il faut aller vers l'est. Nous devons donc ______________________ (tourner / traverser / suivre) à droite.
6. Regarde l'homme qui est assis sur le banc. Il se promenait au parc, mais il est fatigué maintenant. Il va ______________________ dans quelques minutes.

4 **C'est par où?** Alexandre and his sister, Nadège, have been driving around for ten minutes and they cannot find their friends' house. Fill in each blank with the most appropriate word or expression from the list, and make all the necessary changes and agreements.

à droite	indications	être perdu
le banc	continuer	jusqu'à

ALEXANDRE Tu m'as bien dit de (1) ______________________ le pont et de (2) ______________________ la rue de Provence.

NADÈGE Oui, mais après le pont, il faut tourner (3) ______________________ dans la rue de Strasbourg.

ALEXANDRE Tu ne pouvais pas le dire plus tôt?! Bon. Maintenant, on est en face du marchand de journaux, au numéro 44. Qu'est-ce que je fais?

NADÈGE Est-ce que tu as ton portable?

ALEXANDRE Pourquoi? Tu veux demander des (4) ______________________?

NADÈGE Oui, je veux appeler Ousmane et lui demander comment aller (5) ______________________ son appartement. Je crois bien que nous (6) ______________________.

ALEXANDRE Désolé, je ne l'ai pas. (7) ______________________ jusqu'au carrefour. Je suis certain qu'on va tomber sur la bonne rue.

NADÈGE Arrête-toi. Je vais aller demander au monsieur assis sur (8) ______________________ là-bas. Je pense qu'il va pouvoir nous aider.

ALEXANDRE D'accord.

Nom ______________________ Date ______________________

CONTEXTES: AUDIO ACTIVITIES

1 **Orientez-vous** Indicate whether each statement you hear is **vrai** or **faux**.

	Vrai	Faux
1.	❍	❍
2.	❍	❍
3.	❍	❍
4.	❍	❍
5.	❍	❍
6.	❍	❍

2 **Décrivez** Indicate whether each statement you hear is **vrai** or **faux** based on the drawing.

	Vrai	Faux
1.	❍	❍
2.	❍	❍
3.	❍	❍
4.	❍	❍
5.	❍	❍
6.	❍	❍

3 **Complétez** Listen to Laurent describe where he lives and write the missing words in your lab manual.

Voici les (1) ______________ pour venir chez moi. À la sortie de l'aéroport, suivez le (2) ______________ jusqu'au centre-ville. Quand vous arrivez à la fontaine, (3) ______________ à droite. Prenez le (4) ______________ pour (5) ______________ Tournez ensuite dans la première rue à droite et (6) ______________ (7) ______________ jusqu'au bout de la rue. J'habite un grand (8) ______________ à l'angle de cette rue et de l'avenue Saint-Michel.

Nom ______________________ Date ______________________

LES SONS ET LES LETTRES

Les majuscules et les minuscules

Some of the rules governing capitalization are the same in French as they are in English. However, many words that are capitalized in English are not capitalized in French. For example, the French pronoun **je** is never capitalized except when it is the first word in a sentence.

Aujourd'hui, **je** vais au marché. *Today, I am going to the market.*

Days of the week, months, and geographical terms are not capitalized in French.

Qu'est-ce que tu fais **l**undi après-midi? Mon anniversaire, c'est le 14 **o**ctobre.
Cette ville est au bord de la **m**er Méditerranée.

Languages are not capitalized in French, nor are adjectives of nationality. However, if the word is a noun that refers to a person or people of a particular nationality, it is capitalized.

Tu apprends le français.
You are learning French.

C'est une voiture allemande.
It's a German car.

Elle s'est mariée avec un Italien.
She married an Italian.

Les Français adorent le foot.
The French love soccer.

As a general rule, you should write capital letters with their accents. Diacritical marks can change the meaning of words, so not including them can create ambiguities.

LES AVOCATS SERONT JUG**É**S.
Lawyers will be judged.

LES AVOCATS SERONT JUG**E**S.
Lawyers will be the judges.

1 **Décidez** Listen to these sentences and decide whether the words below should be capitalized.

1. a. canadienne b. Canadienne
2. a. avril b. Avril
3. a. japonais b. Japonais
4. a. québécoises b. Québécoises
5. a. océan b. Océan
6. a. je b. Je
7. a. mercredi b. Mercredi
8. a. marocain b. Marocain

2 **Écoutez** You will hear a paragraph containing the words in the list. Check the appropriate column to indicate whether they should be capitalized (**majuscule**).

	Majuscule	Minuscule
1. lundi	______	______
2. avenue	______	______
3. français	______	______
4. suisse	______	______
5. quartier	______	______

3 **Dictée** You will hear eight sentences. Each will be read twice. Listen carefully and write what you hear.

1. ______________________
2. ______________________
3. ______________________
4. ______________________
5. ______________________
6. ______________________
7. ______________________
8. ______________________

Nom ______________________ Date ______________________

Roman-photo

CHERCHER SON CHEMIN

Avant de regarder

1 **Qu'est-ce qui se passe?** Read the title, look at the photo, and guess what might happen in this video module.

____

____

____

____

____

2 **Qu'est-ce que c'est?** Check the appropriate column to classify these words as directions (**indications**) or places (**endroits**).

	indication	endroit		indication	endroit
1. fontaine	______	______	6. rue	______	______
2. traverser	______	______	7. tourner	______	______
3. suivre	______	______	8. feu rouge	______	______
4. descendre	______	______	9. continuer	______	______
5. angle	______	______	10. boulevard	______	______

En regardant la vidéo

3 **Complétez** Watch the scene with the tourist in the café, and complete the conversation with the missing words.

à côté de	droite	gauche	tout droit
continuez	en face de	loin	traversez
descendez	feu rouge	tournez	se trouve

TOURISTE Excusez-moi, est-ce que vous savez où (1) ______________ le bureau de poste, s'il vous plaît?

RACHID Oui, ce n'est pas (2) ______________ d'ici. Vous (3) ______________ la rue, juste là, ensuite vous (4) ______________ jusqu'au (5) ______________ et vous (6) ______________ (7) à ______________.

DAVID Non! À (8) ______________!

RACHID Non, à gauche! Puis, vous continuez (9) ______________, vous (10) ______________ le cours Mirabeau et c'est juste là, (11) ______________ la fontaine de la Rotonde (12) ______________ la gare.

Nom ______________________ Date ______________________

4 **Mettez-les dans l'ordre** Number these people in the order in which they give the tourist directions.

_______ a. Stéphane _______ b. le marchand de journaux _______ c. Rachid _______ d. David

Who finally gives good directions? ______________________

Après la vidéo

5 **Qu'est-ce qui se passe?** Match these images with their captions.

1. _______
4. _______
2. _______
5. _______
3. _______
6. _______

a. Qu'est-ce que vous allez faire le week-end prochain?
b. Voici cinq, six, sept euros qui font dix.
c. Oui, je l'adore!
d. Euh merci, je... je vais le trouver tout seul.
e. Bonjour, je peux vous aider?
f. Excusez-moi, où est le bureau de poste, s'il vous plaît?

6 **Vrai ou faux?** Indicate whether these statements are **vrai** or **faux**.

	Vrai	Faux
1. Sandrine chante très mal.	❍	❍
2. M. Hulot ne sait pas où se trouve le bureau de poste.	❍	❍
3. Le touriste va au café parce qu'il a soif.	❍	❍
4. Amina aime bien Pauline Ester.	❍	❍
5. Le bureau de poste est derrière une grande fontaine.	❍	❍

7 **Comment est-ce qu'on va...?** Give directions from your home to these places.

1. Pour aller de chez moi au parc, ______________________
2. Pour aller de chez moi à la banque, ______________________
3. Pour aller de chez moi au supermarché, ______________________

Nom ______________________ Date ______________________

STRUCTURES

4B.1 Le futur simple

1 **Dans dix ans** You are with a group of friends discussing where you see yourselves in ten years. Conjugate the verbs in parentheses in the future tense to find out what everybody is thinking.

1. Je ______________ (travailler) pour une grande entreprise française à Paris.
2. Il ______________ (épouser) Stéphanie.
3. Vous ______________ (acheter) une île dans les Caraïbes.
4. Elle ______________ (écrire) des romans pour enfants.
5. Tu ______________ (offrir) une voiture à tes parents.
6. Elles ______________ (se rendre) compte que le lycée, c'était facile.
7. J' ______________ (ouvrir) mon propre restaurant français.
8. Nous ______________ (réussir) tous notre vie.

2 **Les obligations** Look at these pictures and write complete sentences using the cues provided. Use the future tense.

1. lundi / poster des lettres

____

____

2. mercredi / retirer de l'argent au distributeur automatique

____

____

3. jeudi / explorer Aix-en-Provence

____

____

4. mardi / se promener en ville

____

____

5. vendredi / payer sa facture en liquide

____

____

6. samedi / acheter des timbres pour envoyer des cartes postales

____

____

Nom ______________________ Date ______________________

3 **La lettre** Your friend has written a letter to her French pen pal, telling her what she is about to do. However, she is not satisfied with it. Help her by rewriting this paragraph in **le futur simple.**

Pendant les vacances d'été, je vais partir en Europe pendant un mois. Je vais visiter les principaux monuments et les grandes villes. Je pense aussi essayer la nourriture locale. Je n'ai jamais mangé d'escargots ni de haggis. Je vais prendre beaucoup de photos avec l'appareil photo numérique que je vais acheter le mois prochain. Je vais te les montrer quand je vais passer te rendre visite. J'espère que nous allons bien nous amuser ensemble. Je vais t'apporter quelque chose de spécial, mais je ne vais pas te dire ce que c'est. Ça doit être une surprise. Vivement (*I can't wait*) les vacances!

____

____

____

____

____

____

____

____

4 **Répondez** Your younger brother would like to know what your plans are while your parents are away for the weekend. Answer these questions with the **futur simple** and the words in parentheses.

1. Quand vas-tu partir pour le gymnase? (à 8h30)

   ____

2. Quand allons-nous déjeuner ensemble? (à 1h00)

   ____

3. Qui va manger avec nous? (Caroline et Serge)

   ____

4. À quelle heure est-ce que tu vas faire tes devoirs? (à 2h30)

   ____

5. Qui va mettre la table pour le dîner? (tu)

   ____

6. Qui va préparer le repas? (notre tante Zoé)

   ____

7. Qu'est-ce que nous allons faire ce soir? (regarder un film français)

   ____

8. À quelle heure est-ce que tu vas te lever demain? (à 7h00)

   ____

Nom ______________________ Date ______________________

4B.1 Le futur simple (audio activities)

1 **Identifiez** Listen to each sentence and write the infinitive of the verb you hear.

Modèle

You hear: Ils se déplaceront pour le 14 juillet.
You write: **se déplacer**

1. ______________ 5. ______________
2. ______________ 6. ______________
3. ______________ 7. ______________
4. ______________ 8. ______________

2 **Questions** Answer each question you hear using the cue. Repeat the correct response after the speaker.

Modèle

You hear: Quand est-ce que tu retrouveras ta cousine?
You see: jeudi
You say: **Je retrouverai ma cousine jeudi.**

1. 8 heures et demie
2. nous
3. sur la droite
4. Jean-Pierre et son équipe
5. en train
6. au carrefour

3 **Transformez** Change each sentence from the present to the future. Repeat the correct answer after the speaker.

Modèle

Bertrand travaille près d'ici.
Bertrand travaillera près d'ici.

4 **Le futur** Look at the timeline, which shows future events in Christian's life, and answer each question you hear. Then repeat the correct response after the speaker. (*6 items*)

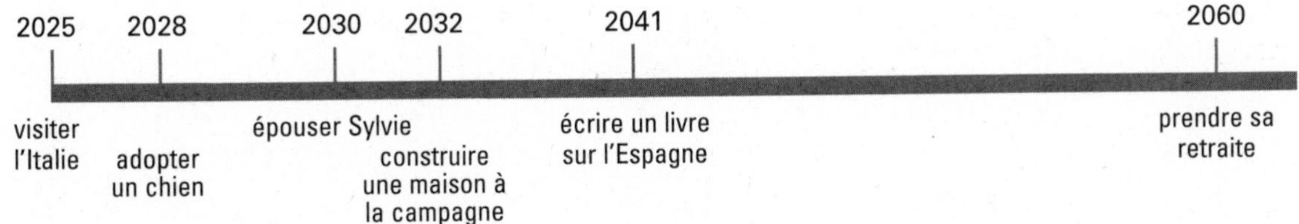

Nom _______________ Date _______________

4B.2 Irregular future forms

1

En ville Karim and Sandra are discussing what they will do tomorrow when they go into town. Complete their conversation with the appropriate **futur simple** forms of the verbs in parentheses.

SANDRA Demain, j' (1) ______________ (aller) au cybercafé, à côté de la papeterie.

J' (2) ______________ (envoyer) enfin mon formulaire électronique.

KARIM Je (3) ______________ (venir) peut-être avec toi.

SANDRA Tu (4) ______________ (pouvoir) m'aider avec ça.

KARIM J' (5) ______________ (essayer), mais je ne te promets rien.

SANDRA Comme nous (6) ______________ (être) en ville, nous

(7) ______________ (pouvoir) passer chez Yannick.

KARIM Je ne suis pas sûr de pouvoir le faire parce que je (8) ______________ (revenir)

par le train de 15h00.

2

La voyante Stéphanie and her friends are at the fair and go to see a fortune teller (**voyante**). Create sentences in the **futur simple** using the elements provided to find out what she predicts.

1. vous / devoir / partir / dans un pays lointain (*distant*)

   ____

2. cet homme / recevoir / une bonne nouvelle

   ____

3. elles / faire / quelque chose d'extraordinaire

   ____

4. vous / avoir / beaucoup de chance / la semaine prochaine

   ____

5. il / falloir / faire très attention / vendredi 13

   ____

6. il / devenir / très vulnérable / après le 21 de ce mois

   ____

7. elle / savoir / comment résoudre (*resolve*) vos problèmes

   ____

8. ils / être / très heureux / samedi prochain

   ____

3 **L'avenir** Samuel talks about his future. Complete this paragraph by choosing the best verb and writing its correct form in the **futur simple**.

En juin, je (1) _______________ (recevoir / prendre / apercevoir) mon diplôme et je/j' (2) _______________ (être / avoir / savoir) 21 ans le mois suivant. Avant l'été, je/j' (3) _______________ (vouloir / pouvoir / envoyer) mon CV pour trouver un emploi. Je pense que ça (4) _______________ (faire / venir / aller) bien et que je/j' (5) _______________ (pouvoir / savoir / avoir) commencer à travailler en septembre. Pendant l'été, je (6) _______________ (retenir / devenir / partir) faire le tour de l'Europe. Je (7) _______________ (savoir / faire / devenir) la connaissance de beaucoup de nouvelles personnes et peut-être que je/j' (8) _______________ (apercevoir / recevoir / rencontrer) même mon âme sœur (*soulmate*)! En tout cas, je (9) _______________ (devenir / revenir / retenir) avec des souvenirs. Et toi, qu'est-ce que tu (10) _______________ (tenir / pouvoir / faire) pendant ce temps?

4 **La confusion** The exchange student who lives at your house is very confused today. He is telling you about things that will happen as though they have already happened. Correct his mistakes by rewriting each sentence, using the subject in parentheses and putting the verb in the **futur simple**.

1. Ton cousin est venu te rendre visite. (ma sœur)

____

2. Ton professeur de français t'a envoyé un e-mail. (mon professeur de français et celui d'espagnol)

____

3. Tes parents sont partis à Tahiti. (mon oncle et ma tante)

____

4. Hassan a reçu la visite du directeur du lycée. (Malika et Hassan)

____

5. Tu es allé(e) à l'exposition Marc Chagall. (tous les élèves de la classe)

____

6. Le professeur de mathématiques est revenu de sa conférence à Toulouse. (le professeur de physique)

____

7. Stéphanie a eu un nouveau chat. (les voisins)

____

8. Il faut balayer. (sortir la poubelle)

____

Nom ______________________ Date ______________________

4B.2 Irregular future forms (audio activities)

1 **Identifiez** Listen to each statement and mark an **X** in the column of the verb you hear.

Modèle

You hear: Nous ne serons pas au parc cet après-midi.
You mark: an **X** under **être**

	aller	avoir	être	faire	savoir
Modèle			X		
1.					
2.					
3.					
4.					
5.					
6.					
7.					
8.					

2 **Décrivez** For each drawing, you will hear two statements. Choose the one that corresponds to the drawing.

1. a. b.

2. a. b.

3. a. b.

4. a. b.

5. a. b.

6. a. b.

3 **En ville** Listen to Brigitte and Zoé talk about their plans for tomorrow. Then read the statements and decide whether they are **vrai** or **faux**.

	vrai	faux
1. Zoé n'ira pas en ville demain.	❍	❍
2. Elle fera des courses l'après-midi.	❍	❍
3. Elles iront au restaurant.	❍	❍
4. Elle viendra chercher Brigitte à son travail.	❍	❍
5. Brigitte aura ses photos.	❍	❍
6. Zoé verra le bureau de Brigitte.	❍	❍

4 **Qui?** Answer each question you hear according to the cue you see. Use irregular future verbs. Repeat the correct answer after the speaker.

1. nous
2. Léo
3. tu
4. elles
5. je
6. vous

Nom ______________________ Date ______________________

Unité 4

Savoir-faire

PANORAMA

1 **Les photos** Label each photo.

1. ______________

2. ______________

3. ______________

4. ______________

2 **Les Pays de la Loire** Answer these questions in complete sentences.

1. Quand le château de Chambord a-t-il été construit?

____

2. Combien de pièces le château de Chambord possède-t-il?

____

3. Quelle est la caractéristique des deux escaliers du logis central?

____

4. Quel est l'autre nom de la vallée de la Loire?

____

5. Qui inaugure le siècle des «rois voyageurs»?

____

6. Quel est le nom des trois châteaux les plus visités (*the most visited*)?

____

3 **Les attractions** Complete the sentences with the correct words.

1. Le Printemps de ______________ est un festival de musique.
2. À ce festival de musique, il y a des ______________ de spectacles et des ______________ de spectateurs.
3. Les 24 heures du ______________ est une course d'______________.
4. Cette course existe depuis ______________.
5. Les Machines de l'Île sont installées sur le site des anciens chantiers navals de ______________.
6. C'est un monde fantastique habité par de grands ______________.

Nom ____________________ Date ____________________

4 **Vrai ou faux?** Indicate whether these statements are **vrai** or **faux**. Correct the false statements.

1. La viticulture est une des principales industries du Centre-Val de Loire.

    ____

2. La ville des Sables-d'Olonne est située dans un département des Pays de la Loire.

    ____

3. George Sand est un homme. C'est un inventeur.

    ____

4. Louis XIV a influencé l'architecture du château de Chambord.

    ____

5. François Ier est resté au château de Chenonceau toute sa vie.

    ____

6. Au Printemps de Bourges, tous les styles de musique sont représentés.

    ____

7. Yves Montand est un écrivain.

    ____

8. Le Grand Éléphant à Nantes est une statue installée dans le parc.

    ____

5 **Le mot mystère** Complete these definitions and fill in the corresponding spaces in the grid to find out the mystery word.

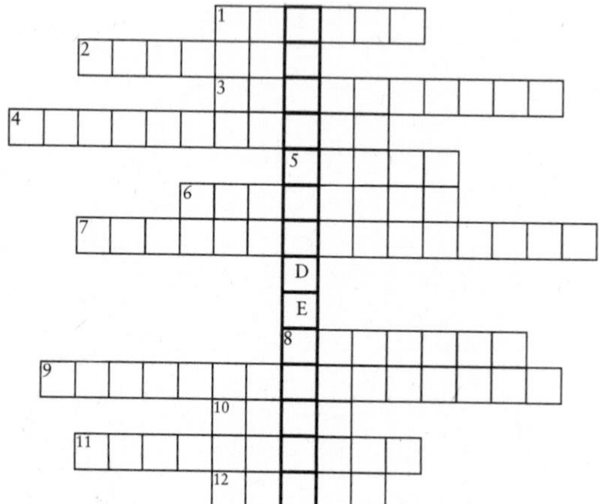

1. C'est le nom d'une dynastie de rois.
2. C'est une célèbre marque de voiture; ce n'est pas Ferrari.
3. C'est une écrivaine du XIXe siècle.
4. C'est le style de nombreux châteaux de la vallée de la Loire.
5. C'est le mois du Printemps de Bourges.
6. C'est l'industrie principale du Centre.
7. C'est un acteur du Centre-Val de Loire.
8. C'est une ville dans la région du Centre-Val de Loire, près de Bourges.
9. C'est le nom d'un chanteur au Printemps de Bourges.
10. C'est le nom d'une ville où une course d'endurance automobile a lieu.
11. C'est le nom d'un château de la Loire.
12. C'est le nom du fleuve qui traverse les deux régions.

Mot mystère: C'est le nom d'un célèbre peintre du XVIe siècle. Il a travaillé (*worked*) pour François Ier.

Nom ______________________ Date ______________________

Unité 5

Leçon 5A

CONTEXTES

1 **Choisissez** Complete each sentence with the appropriate word or expression from the lesson.

1. Thomas gagne un salaire ______________ (élevé / modeste). Il est homme d'affaires.
2. Leïla a obtenu un ______________ (poste / domaine) de vendeuse au magasin du Monde.
3. Vous allez l'embaucher? Mais il n'a pas de ______________ (références / conseil)!
4. Nathalie veut faire un(e) ______________ (stage / messagerie) dans la finance.
5. Un bon patron donne des ______________ (conseils / combinés) à ses employés de temps en temps.
6. C'est une entreprise qui ______________ (embauche / postule) beaucoup de personnes.
7. Je refuse de ______________ (patienter / faire des projets) plus de cinq minutes au téléphone.
8. Il y a combien de ______________ (candidats / chefs du personnel) pour le poste de secrétaire?

2 **Complétez les phrases** Complete these sentences with appropriate expressions from the lesson.

1. Hassan a pris ______________ avec le chef du personnel pour passer un entretien.
2. Yoline a appelé son ancien (*former*) patron pour demander une lettre ______________.
3. Gilles ne trouve pas de travail parce qu'il n'a pas d'______________ professionnelle.
4. Vous avez reçu plusieurs ______________ aux examens? C'est impressionnant (*impressive*).
5. Karim a fait une ______________ en management?
6. Christelle a trouvé un ______________! On va célébrer ce soir.
7. Dans quel ______________ est-ce que vous voulez travailler plus tard?
8. Amadou a fait un stage dans quelle ______________?

3 **À la recherche d'un travail** Describe these illustrations that show steps one often takes to find work. Use expressions from the lesson.

Modèle

On doit appeler le chef du personnel.

Je voudrais me proposer comme candidate...

Vous êtes disponible mercredi?

1. ______________________________
2. ______________________________
3. ______________________________
4. ______________________________

Nom ____________________ Date ____________________

4 **Un appel téléphonique** Put this phone conversation in order by numbering the lines.

_______ Le chef du personnel n'est pas là en ce moment, mais je peux lui laisser un message. Quel est votre numéro de téléphone?
_______ C'est Hélène Bonnaire à l'appareil.
_______ Euh, oui, c'est ça.
_______ C'est de la part de qui?
_______ Très bien. Au revoir, mademoiselle.
_______ Allô?
_______ Bonjour, je peux parler au chef du personnel, s'il vous plaît?
_______ C'est le zéro, un, dix-sept, quatre-vingts, quatorze, vingt.
_______ Merci, au revoir monsieur.
_______ Alors, vous appelez pour prendre rendez-vous avec lui, c'est ça?

5 **Répondez** Answer some typical questions that one encounters while looking for work. Use complete sentences and provide some information besides a simple *yes* or *no* answer. The expressions listed might be helpful to you.

Coup de main

les affaires *business*	le produit *product*
l'éducation *education*	la restauration *the restaurant business*
la finance *finance*	la santé *healthcare*
le marketing *marketing*	les ventes *sales*

1. Vous avez une expérience professionnelle? Dans quels domaines?

____

____

2. Qu'avez-vous comme références?

____

____

3. Pourquoi voulez-vous travailler pour notre compagnie?

____

____

4. Qu'avez-vous envoyé avec votre CV?

____

____

5. Qui est à l'appareil?

____

____

6. Vous voulez laisser un message?

____

____

Nom ______________________ Date ______________________

CONTEXTES: AUDIO ACTIVITIES

1 **Identifiez** You will hear a series of words. Write the word that does not belong in each series.

1. ____________ 5. ____________
2. ____________ 6. ____________
3. ____________ 7. ____________
4. ____________ 8. ____________

2 **Logique ou illogique?** Listen to these statements and indicate whether they are **logique** or **illogique**.

	logique	illogique		logique	illogique
1.	❍	❍	5.	❍	❍
2.	❍	❍	6.	❍	❍
3.	❍	❍	7.	❍	❍
4.	❍	❍	8.	❍	❍

3 **Les annonces** Read both ads. Then listen to the statements and decide whether each one **vrai** or **faux**.

SPÉCIALISTES BEAUTÉ

Recherchons 5 spécialistes "beauté-forme" sur Paris.

- 3 ans d'expérience minimum
- excellente présentation
- bon contact avec les client(e)s
- sérieux et professionnalisme

Envoyez lettre de motivation et C.V à Mme Fréchine, Salon de beauté Sublime, 58 avenue de Constantinople, 75008 Paris.

VENDEURS/VENDEUSES

- Compagnie de production d'une boisson aux fruits célèbre recherche des vendeurs/vendeuses dans toute la France.
- De formation commerciale supérieure (Bac + 2 minimum), vous avez déjà une solide expérience. (5 ans minimum)
- Salaire: 3800 euros par mois.

Pour plus d'information, rendez-vous sur le site http://www.boissonauxfruitssympa.com

	Vrai	Faux
1.	❍	❍
2.	❍	❍
3.	❍	❍
4.	❍	❍
5.	❍	❍
6.	❍	❍

Nom ______________________ Date ______________________

LES SONS ET LES LETTRES

La ponctuation française

Although French uses most of the same punctuation marks as English, their usage often varies. Unlike English, no period (**point**) is used in abbreviations of measurements in French.

200 **m** *(meters)* 30 **min** *(minutes)* 25 **cl** *(centiliters)* 500 **g** *(grams)*

In other abbreviations, a period is used only if the last letter of the abbreviation is different from the last letter of the word they represent.

Mme Bonaire = Mada**me** Bonaire **M.** Bonaire = **M**onsieur Bonaire

French dates are written with the day before the month, so if the month is spelled out, no punctuation is needed. When using digits only, use slashes to separate them.

le 25 février 1954 25/2/1954 le 15 août 2006 15/8/2006

Notice that a comma (**une virgule**) is not used before the last item in a series or list.

Lucie parle français, anglais et allemand. *Lucie speaks French, English, and German.*

Generally, in French, a direct quotation is enclosed in **guillemets**. Notice that a colon (**deux points**), not a comma, is used before the quotation.

Charlotte a dit: **«**Appelle-moi!**»** Marc a demandé: **«**Qui est à l'appareil?**»**

1 **La ponctuation** Repeat the names of these punctuation marks in French.

1. un point (.)
2. une virgule (,)
3. un trait d'union (-)
4. un point d'interrogation (?)
5. un point d'exclamation (!)
6. deux points (:)
7. un point-virgule (;)
8. des points de suspension (…)
9. des guillemets (« »)
10. une apostrophe (')

2 **À vous de ponctuer!** Listen to the following sentences and insert the punctuation marks you hear.

1. Voici ce que je dois acheter au marché des carottes des tomates et du fromage
2. Tu n'as pas encore commencé tes devoirs Tu vas peut-être les faire cette nuit
3. Monsieur Grosjean euh m'avez vous téléphoné
4. Ma sœur a répondu Je t'attends depuis deux heures et quart
5. Vous pouvez entrer Madame
6. Nous n'avons pas pu sortir hier soir il pleuvait trop fort

3 **Dictée** You will hear eight sentences. Each will be said twice. Listen carefully and write what you hear. Use abbreviations when you can.

1. ______________________
2. ______________________
3. ______________________
4. ______________________
5. ______________________
6. ______________________
7. ______________________
8. ______________________

Nom ______________________ Date ______________________

Roman-photo

LE BAC

Avant de regarder

1 **Qu'est-ce qui se passe?** In this video module, Stéphane and Astrid take **le bac** and talk about their future plans. What words and expressions do you expect to hear them say?

____

____

____

____

____

En regardant la vidéo

2 **Qui?** Watch as Stéphane talks to his mother and Astrid after **le bac** and indicate which character says these lines. Write **As** for Astrid, **St** for Stéphane, or **V** for Valérie.

_______ 1. Qu'est-ce que tu vas faire une fois que tu auras le bac?

_______ 2. On vient juste de passer le bac, il faut fêter ça!

_______ 3. Je peux emprunter ta télécarte, s'il te plaît?

_______ 4. Qui est à l'appareil?

_______ 5. Tu vas à l'université ou tu vas chercher du travail?

_______ 6. Je suis tellement content aujourd'hui.

_______ 7. Mais bien sûr que je m'inquiète!

_______ 8. L'avenir, l'avenir! Vous n'avez que ce mot à la bouche!

3 **Complétez** Watch the phone call between Stéphane and his mother and complete the conversation with the missing words.

auras	inquiète	réfléchi	saura
été	prendre	réussi	seront

VALÉRIE Stéphane! Alors, comment ça a (1) ______________?
Tu penses avoir (2) ______________?

STÉPHANE Oui, bien sûr, maman. Ne t' (3) ______________ pas!

VALÉRIE En tout cas, on (4) ______________ bientôt. Tu sais quand tu (5) ______________ les résultats?

STÉPHANE Ils (6) ______________ affichés dans deux semaines.

VALÉRIE En attendant, il faut (7) ______________ des décisions pour préparer l'avenir. Tu y as (8) ______________ un peu?

Nom ______________________ Date ______________________

4 **Mettez-les dans l'ordre** Number these events in the order in which they occur.

_______ a. Stéphane téléphone à sa mère.

_______ b. Caroline se présente à Valérie.

_______ c. Stéphane et Astrid passent le bac.

_______ d. Stéphane et Astrid parlent de l'avenir.

_______ e. Michèle parle de ses projets au téléphone.

Après la vidéo

5 **Les projets d'avenir** Which character do these statements describe?

1. Il/Elle va étudier l'architecture.
   a. Stéphane b. Astrid c. Michèle d. Caroline
2. Il/Elle va étudier la médecine.
   a. Stéphane b. Astrid c. Michèle d. Caroline
3. Il/Elle cherche un travail au P'tit Bistrot.
   a. Stéphane b. Astrid c. Michèle d. Caroline
4. Il/Elle cherche un travail comme réceptionniste.
   a. Stéphane b. Astrid c. Michèle d. Caroline
5. Il/Elle veut aller à l'Université de Marseille.
   a. Stéphane b. Astrid c. Michèle d. Caroline
6. Il/Elle va aller à l'Université de Bordeaux.
   a. Stéphane b. Astrid c. Michèle d. Caroline

6 **Expliquez** Look at this photo and describe the phone conversation between Michèle and a friend.

____

____

____

____

____

7 **À vous!** Based on what has happened so far, what do you think will happen in upcoming episodes? Make predictions for each of these characters.

1. Stéphane: ______________________________________

____

____

2. Astrid: ______________________________________

____

____

3. Michèle: ______________________________________

____

4. Valérie: ______________________________________

____

Nom ______________________ Date ______________________

STRUCTURES

5A.1 Le futur simple with quand and dès que

1 **Complétez** There are several possible logical endings for each of these sentences. Pick the most appropriate one for each sentence so that each answer is used only once.

_____ 1. J'irai chez Cédric pour regarder un film...
_____ 2. Je dirai «Joyeux anniversaire» à maman...
_____ 3. J'aurai un château et une collection de voitures de sport...
_____ 4. On ira au concert...
_____ 5. Léna viendra nous chercher à la gare...
_____ 6. On prendra des leçons de conduite (*driving lessons*) à l'auto-école...
_____ 7. On mangera au restaurant chinois...
_____ 8. Je donnerai des bonbons aux enfants...

a. quand elle m'appellera ce soir.
b. dès que papa nous donnera la permission d'y aller.
c. quand on aura dix-huit ans.
d. dès qu'il m'appellera pour dire qu'il est rentré.
e. quand je serai riche!
f. quand ils seront plus gentils avec moi.
g. dès que le train arrivera.
h. quand on ira à San Francisco.

2 **Qu'est-ce qu'ils feront?** Complete each sentence with the correct form of the verb provided.

1. Elle décrochera dès que le téléphone ______________ (sonner).
2. Elles ______________ (écrire) leur CV quand elles auront accès au nouveau logiciel.
3. Dès que le journal arrivera, Paul ______________ (lire) les annonces.
4. J'aurai un salaire modeste quand je ______________ (trouver) du travail.
5. Ils travailleront dans ce domaine quand ils ______________ (avoir) une formation.
6. Tu chercheras du travail dès que tu ______________ (obtenir) ton diplôme.

3 **Faites des phrases** Use these cues to write sentences. Make sure to conjugate the verbs and make other changes (add articles, make contractions, etc.) so that the sentences are grammatically correct.

1. elle / donner / CV / à / chef du personnel / quand / elle / être / à / bureau

____

2. je / écrire / lettre de recommandation / dès que / je / avoir / temps

____

3. je / parler / à / Thierry / de / salaire / quand / je / le / appeler

____

4. il / chercher / travail / quand / il / avoir / voiture

____

5. elle / avoir / salaire / élevé / dès que / elle / obtenir / nouveau / poste

____

6. Thomas / prendre / rendez-vous / quand / il / appeler

____

7. je / commencer / mon stage / quand / je / être / en / ville

____

8. Amir / raccrocher / dès que / il / entendre / message

____

Nom ______________________ Date ______________________

4 **Quel temps?** Complete these sentences by choosing verbs in the correct tense.

1. En général, quand elle ____________ (se dispute / se disputera) avec sa meilleure amie au téléphone, elle lui ____________ (raccroche / raccrochera) au nez.
2. Il ____________ (laisse / laissera) un message pour réserver une chambre à l'hôtel dès qu'il ____________ (entend / entendra) le bip sonore (*beep*).
3. D'habitude, les employés ____________ (se mettent / se mettront) à travailler quand le patron ____________ (arrive / arrivera).
4. Je ____________ (passe / passerai) un entretien dès que je ____________ (prends / prendrai) rendez-vous avec le chef du personnel.
5. Les Ducasse ____________ (visitent / visiteront) des médinas quand ils ____________ (sont / seront) au Maroc, en avril.
6. Le plus souvent, Alex ne ____________ (travaille / travaillera) que quand il ____________ (a / aura) envie de se détendre.

5 **Des pronostics** Make predictions about what these people are going to do. Use complete sentences with **quand** and **dès que**.

Modèle

Bientôt, Cédric aura son diplôme.
Dès qu'il aura son diplôme, il trouvera un travail.

1. Bientôt, Mme Djebali obtiendra un nouveau poste avec un salaire élevé.
   ____
2. Dans deux ans, Alexandre ira à l'université.
   ____
3. Lundi prochain, j'arriverai à Alger.
   ____
4. Bientôt, M. Jeunet sera de retour de vacances.
   ____
5. Le week-end prochain, nous achèterons un lecteur de DVD.
   ____
6. Bientôt, M. Le Floch aura une promotion.
   ____
7. Le mois prochain, j'aurai un abonnement (*subscription*) au *Journal du soir*.
   ____
8. Dans quelques semaines, j'enverrai mon CV au chef du personnel.
   ____

Nom ______________________ Date ______________________

5A.1 Le futur simple with quand and dès que (audio activities)

1 **Au futur?** Listen to each question and indicate whether or not the response should be given using the future tense.

	oui	non
1.	❍	❍
2.	❍	❍
3.	❍	❍
4.	❍	❍
5.	❍	❍
6.	❍	❍

2 **Conjuguez** Change each sentence from the present to the future. Repeat the correct response after the speaker. (*6 items*)

Modèle

Nous travaillons quand nous sommes prêts.
Nous travaillerons quand nous serons prêts.

3 **Transformez** You will hear two sentences. Form a new sentence using **quand**. Repeat the correct response after the speaker. (*6 items*)

Modèle

Notre assistante vous dira. La réunion peut avoir lieu.
Notre assistante vous dira quand la réunion pourra avoir lieu.

4 **Questions** Answer each question you hear using **dès que** and the cue. Repeat the correct response after the speaker.

Modèle

You hear: Quand est-ce que tu commenceras?
You see: l'entreprise m'appelle
You say: Je commencerai dès que l'entreprise m'appellera.

1. le stage commence
2. il est libre
3. quelqu'un décroche
4. l'annonce est dans le journal
5. cette compagnie le peut
6. il sort de son rendez-vous

Nom ______ Date ______

5A.2 The interrogative pronoun lequel

1 **Lequel?** Match each image to an appropriate caption. Pay attention to the gender and number.

a. 
b. 
c. 
d. 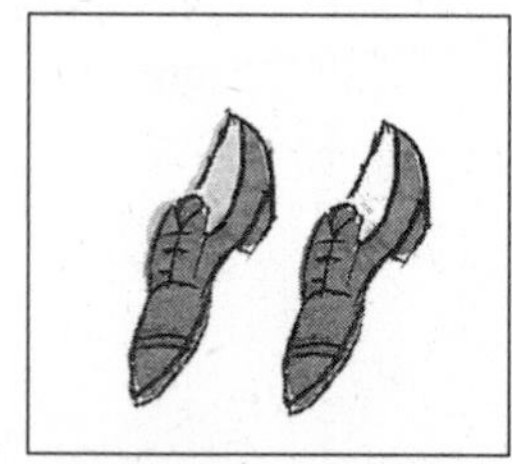
e. 
f. 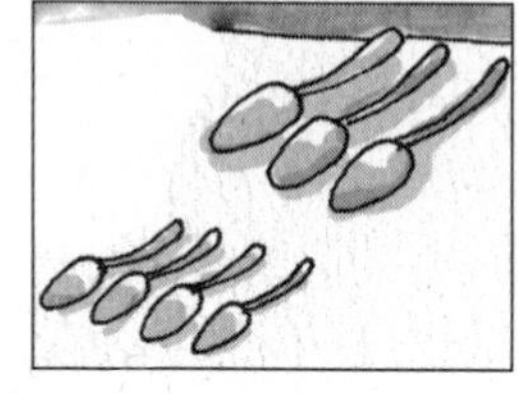
g. 
h. 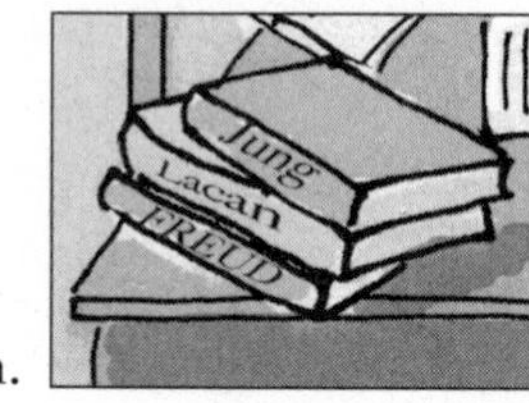

_______ 1. Lequel est ton cousin?

_______ 2. Laquelle avez-vous écrite, M. Lemeur?

_______ 3. Lesquels sont pour la poste aérienne (*air mail*)?

_______ 4. Lesquelles vont avec ces chaussettes?

_______ 5. Lequel est-ce que tu vas prendre?

_______ 6. Laquelle est la meilleure de l'équipe?

_______ 7. Lesquels est-ce que tu vas lire ce semestre?

_______ 8. Lesquelles sont pour la soupe?

2 **Rédigez les phrases** Use forms of **lequel** to replace the underlined words so that these sentences are less repetitive.

Modèle

Il y a deux profs dans le couloir. Quel prof est ton prof de français?
Lequel

1. On a interviewé deux candidates ce matin. Quelle candidate avez-vous préférée? _______
2. Je veux travailler dans le domaine des affaires. Dans quel domaine est-ce que vous voulez travailler? _______
3. On a reçu des lettres de recommandation hier. Quelles lettres est-ce que vous voulez lire cet après-midi? _______
4. Des employés sont arrivés en retard. Quels employés sont arrivés cet après midi? _______
5. Mais il y a plusieurs numéros de téléphone écrits sur cette feuille de papier. Quel numéro est le tien (*yours*)? _______
6. Les CV sont sur mon bureau. Quels CV est-ce qu'on va mettre à la poubelle? _______

3 **Complétez** Complete these conversations overheard at the office with appropriate forms of **lequel**.

1. **CATHERINE** Je veux faire un stage à Tahiti.
   LE PATRON Mais ______________? Je ne connais aucun stage proposé à Tahiti.
2. **GILLES** Ce candidat a travaillé pour plusieurs compagnies informatiques.
   LE PATRON Pour ______________? Il habitait en Californie, n'est-ce pas?
3. **CATHERINE** Sa lettre de recommandation dit qu'il a reçu plusieurs mentions.
   LE PATRON ______________ avez-vous vue? Je n'ai vu aucune lettre de recommandation.
4. **SAMIR** Ce candidat a laissé dix messages sur mon portable.
   LE PATRON ______________ avez-vous gardés? C'est un peu agressif, non?
5. **SAMIR** Gilles a cassé un des combinés en raccrochant (*while hanging up*) avec trop de force.
   LE PATRON ______________ a-t-il cassé? Mais dites-lui de se calmer!
6. **GILLES** Le candidat nous a donné ses références.
   LE PATRON ______________ a-t-il données? Sa mère et son père? Il n'a pas d'expérience professionnelle!

4 **Des questions** Write a set of two questions for each answer that say the same thing. The first question should use the formula **quel(le)(s)** + *noun* and the second should use a form of **à** + **lequel** or **de** + **lequel**.

Modèle

Je rêve d'un poste à Tahiti.
De quel poste est-ce que tu rêves?
Duquel est-ce que tu rêves?

1. J'ai répondu aux questions faciles!

   ____

   ____

2. Il s'intéresse aux métiers de médecin et de vétérinaire.

   ____

   ____

3. On parle de l'employée habillée en rouge.

   ____

   ____

4. Il a peur du chef qui a une moustache.

   ____

   ____

5. Je pense à la lettre de recommandation qu'on a lue ce matin.

   ____

   ____

Nom ______________________ Date ______________________

5A.2 The interrogative pronoun **lequel** (audio activities)

1 **Identifiez** Listen to each statement and mark an **X** in the column of the form of **lequel** you hear.

Modèle

You hear: Desquels parlez-vous?
You mark: an **X** under **desquels**

	lequel	laquelle	lesquels	duquel	desquels	auquel
Modèle	____	____	____	____	X	____
1.	____	____	____	____	____	____
2.	____	____	____	____	____	____
3.	____	____	____	____	____	____
4.	____	____	____	____	____	____
5.	____	____	____	____	____	____
6.	____	____	____	____	____	____
7.	____	____	____	____	____	____
8.	____	____	____	____	____	____

2 **Choisissez** Listen to each question and choose the correct response.

1. a. Il a envoyé les lettres de motivation.
   b. Il les a envoyées.
2. a. J'y suis allé hier.
   b. Je suis allé au stage d'informatique.
3. a. Elle parle des deux derniers candidats.
   b. Elle parle des deux dernières candidates.
4. a. Je pense à leur projet d'été.
   b. Je pense partir.
5. a. Je veux appeler Carine.
   b. Je vais appeler avec son portable.
6. a. L'entreprise locale.
   b. Mon patron.
7. a. On peut assister à la formation de juin.
   b. On peut assister au stage de vente.
8. a. Nous allons répondre très vite.
   b. Nous allons répondre à l'annonce de Charles et Fils.

3 **Transformez** Restate each question replacing the noun you see with a form of **lequel**. Repeat the correct question after the speaker. (*6 items*)

Modèle

Quel est ton candidat préféré? (candidat)
Lequel est ton préféré?

1. (patron)
2. (entreprise)
3. (postes)
4. (candidate)
5. (expérience)
6. (numéro)

4 **Complétez** You will hear questions with a beep in place of the interrogative pronoun. Restate each question using a form of **lequel** in place of the beep. Repeat the correct question after the speaker. (*6 items*)

Modèle

Mon employé? *(beep)* penses-tu?
Mon employé? Auquel penses-tu?

Unité 5

Leçon 5B

CONTEXTES

1 **Qu'est-ce qu'ils font dans la vie?** Complete these statements by indicating what these people do according to their job description.

1. Il sauve des personnes lors d'accidents et il lutte contre le feu (*fights fires*). Il est ____________.
2. Elle transporte des clients dans son taxi. Elle est ____________.
3. Elle est à la tête d'une grande entreprise. Elle est ____________.
4. Il a beaucoup de responsabilités envers ses subordonnés (*subordinates*), mais il n'est ni cadre ni chef d'entreprise. Il est ____________.
5. Ma mère travaille à la maison. Elle n'a pas de salaire, sa récompense est le bonheur de notre famille. Elle est ____________.
6. Il dirige une compagnie avec d'autres personnes de même niveau. Il est ____________.
7. Elle a un travail manuel. Elle est ____________.
8. Il donne des conseils dans un domaine spécifique. Il est ____________.

2 **Quel métier?** Write a caption to indicate what each person pictured does as a profession. Use the wording in the model.

Elle est vétérinaire.

1. ____________________

2. ____________________

3. ____________________

4. ____________________

5. ____________________

6. ____________________

3 **Des énigmes** Solve these riddles with expressions from the lesson.

1. C'est un synonyme de «profession». _______________
2. Cette personne ne travaille pas, mais elle n'est pas en vacances. _______________
3. C'est un groupe qui s'oppose souvent aux cadres. _______________
4. Ça arrive quand plusieurs personnes se mettent ensemble pour parler. _______________
5. C'est un synonyme de «succès». _______________
6. Quand on travaille 40 heures par semaine, on a un emploi de ce type. _______________
7. Les gérants font ça. _______________
8. Quand quelqu'un est déjà mort, il est trop tard pour en trouver. _______________

4 **Évaluez la situation** Indicate what these people need according to their situations. Use expressions from the lesson.

Modèle

Maman travaille trop. *Elle a besoin de prendre un congé.*

1. Antoine est mal payé.

   ____

2. Mme Ménard travaille au même poste depuis des années.

   ____

3. Papa ne trouve pas le temps de s'occuper de nous parce qu'il travaille 40 heures par semaine.

   ____

4. M. Fournet a des problèmes de santé et il n'arrive pas à payer ses factures (*bills*).

   ____

5. Depuis quelques temps, Caroline a envie de travailler pour une autre compagnie.

   ____

5 **Votre carrière** Write a paragraph about your future career. Give your job title, a description of job tasks, your schedule, and any other relevant information. You may find the expressions listed useful.

Coup de main

dans (nombre) ans *in (number) years*
être au plus haut niveau *to be at the top level*
je suis / serai (poste) *I am / will be a(n) (job title)*

____

____

____

____

____

____

Nom ______________________ Date ______________________

CONTEXTES: AUDIO ACTIVITIES

1 **Identifiez** Listen to each description and then complete the sentence by identifying the person's occupation.

Modèle

You hear: Madame Cance travaille à la banque.
You write: banquière

1. ______________
2. ______________
3. ______________
4. ______________
5. ______________
6. ______________
7. ______________
8. ______________

2 **Choisissez** Listen to each question and choose the most logical answer.

1. a. Non, il est client de notre banque.
   b. Non, il est agriculteur.
2. a. Oui, avec le syndicat.
   b. Oui, l'électricienne arrive.
3. a. Oui, et j'ai eu une augmentation.
   b. Oui, j'ai un emploi à mi-temps.
4. a. Oui, ils sont chômeurs.
   b. Oui, ils ont un bon salaire.
5. a. Non, elle va prendre un long congé.
   b. Non, elle est mal payée.
6. a. Oui, ils sont ouvriers.
   b. Oui, je suis chauffeur de taxi.

3 **Les professions** Listen to each statement and write the number of the statement below the photo it describes. There are more statements than there are photos.

a. ______________

b. ______________

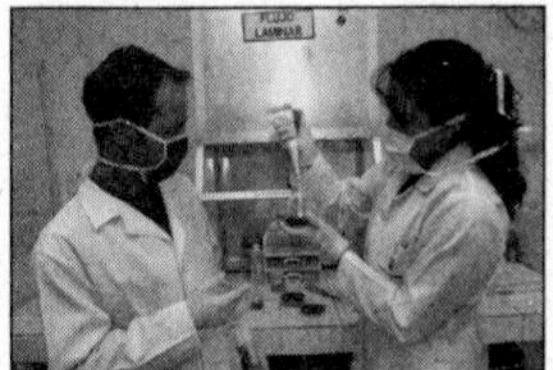

c. ______________

d. ______________

LES SONS ET LES LETTRES

Les néologismes et le franglais

The use of words or neologisms of English origin in the French language is called **franglais**. These words often look identical to the English words, but they are pronounced like French words. Most of these words are masculine, and many end in **-ing**. Some of these words have long been accepted and used in French.

le sweat-shirt   le week-end   le shopping   le parking

Some words for foods and sports are very common, as are expressions in popular culture, business, and advertising.

un milk-shake   le base-ball   le top-modèle   le marketing

Many **franglais** words are recently coined terms (**néologismes**). These are common in contemporary fields, such as entertainment and technology. Some of these words do have French equivalents, but the **franglais** terms are used more often.

un e-mail = un courriel   le chat = la causette   une star = une vedette

Some **franglais** words do not exist in English at all, or they are used differently.

un brushing = *a blow-dry*   un relooking = *a makeover*   le zapping = *channel surfing*

1 **Prononcez** Répétez les mots suivants à voix haute.

1. flirter
2. un fax
3. cliquer
4. le look
5. un clown
6. le planning
7. un scanneur
8. un CD-ROM
9. le volley-ball
10. le shampooing
11. un self-service
12. le chewing-gum

2 **Articulez** Répétez les phrases suivantes à voix haute.

1. Le cowboy porte un jean et un tee-shirt.
2. Julien joue au base-ball et il fait du footing.
3. J'ai envie d'un nouveau look, je vais faire du shopping.
4. Au snack-bar, je commande un hamburger, des chips et un milk-shake.
5. Tout ce qu'il veut faire, c'est rester devant la télé dans le living et zapper!

3 **Dictons** Répétez les dictons à voix haute.

1. Ce n'est pas la star qui fait l'audience, mais l'audience qui fait la star.
2. Un gentleman est un monsieur qui se sert d'une pince à sucre, même lorsqu'il est seul.

4 **Dictée** You will hear eight sentences. Each will be said twice. Listen carefully and write what you hear.

1. ____________________
2. ____________________
3. ____________________
4. ____________________
5. ____________________
6. ____________________
7. ____________________
8. ____________________

Nom ______________________ Date ______________________

Roman-photo

JE DÉMISSIONNE!

Avant de regarder

1 **Qu'est-ce qui se passe?** Look at this photo. In this episode, Valérie has a very bad day. What do you think might happen?

____

____

____

____

____

En regardant la vidéo

2 **Qui?** Indicate which character says these lines. Write **A** for Amina, **As** for Astrid, **M** for Michèle, S for Sandrine, **St** for Stéphane, or **V** for Valérie.

_______ 1. Tu as le trac!

_______ 2. Je suis tellement nerveuse. Pas toi?

_______ 3. Je pourrais te préparer un gâteau au chocolat?

_______ 4. Tu as eu les résultats du bac, non?

_______ 5. Quel style de robe est-ce que tu aimerais?

_______ 6. Je ne vous demande pas un salaire très élevé, mais… c'est pour ma famille.

_______ 7. Être serveuse, c'est un métier exigeant, mais les salaires sont modestes!

_______ 8. Si tu as besoin de quoi que ce soit un jour, dis-le-moi.

3 **Complétez** Watch Sandrine and Amina as they shop for fabric and complete the conversation with the missing words.

faisais — finirait — pourrais — préférerais — serait

AMINA Que penses-tu de ce tissu noir?

SANDRINE Oh! C'est ravissant!

AMINA Oui, et ce (1) ______________ parfait pour une robe du soir.

SANDRINE Bon, si tu le dis. Moi, si je (2) ______________ cette robe moi-même, elle (3) ______________ sans doute avec une manche courte et avec une manche longue!

AMINA Je (4) ______________ en faire une comme ça, si tu veux.

SANDRINE Mais non… je (5) ______________ une de tes créations. Amina, tu es vraiment super!

Nom ______________________ Date ______________________

4 **Identifiez-les** Match these images with their captions.

1. ____________

2. ____________

3. ____________

4. ____________

5. ____________

a. Ce tissu noir est joli.
b. J'irai à l'université, maman.
c. Auriez-vous une petite minute?
d. Oh! Ce n'est pas possible!
e. La confiance en soi, c'est ici dans le cœur et ici dans la tête.

Après la vidéo

5 **Vrai ou faux?** Indicate whether these statements are **vrai** or **faux**.

	Vrai	Faux
1. Au concert, ce sera la première fois que Sandrine chante en public.	❍	❍
2. Amina propose de faire une robe pour Sandrine.	❍	❍
3. Astrid est reçue au bac avec mention bien.	❍	❍
4. Valérie donne une augmentation à Michèle.	❍	❍
5. Stéphane doit repasser deux parties de l'examen.	❍	❍

6 **Expliquez** What is happening in this photo? Describe the events leading up to this moment.

7 **À vous!** In this episode, the characters face difficult situations. In your opinion, who has the worst problem: Valérie, Sandrine, Michèle, or Stéphane? Explain your point of view.

Nom ______________________ Date ______________________

Flash culture

L'AVENIR ET LES MÉTIERS

Avant de regarder

1 **Les métiers** In this video, you're going to learn about professions in France. In French, list as many different professions as you can.

______________ ______________ ______________
______________ ______________ ______________
______________ ______________ ______________
______________ ______________ ______________
______________ ______________ ______________

2 **J'aimerais...** Complete these statements telling what professions you would and would not like to have and why or why not.

1. J'aimerais être ______________ parce que ______________.
2. J'aimerais être ______________ parce que ______________.
3. Je n'aimerais pas être ______________ parce que ______________.
4. Je n'aimerais pas être ______________ parce que ______________.

En regardant la vidéo

3 **Mettez-les dans l'ordre** Number these professions in the order in which Csilla mentions them.

_______ a. pompier

_______ b. chef de cuisine

_______ c. dentiste

_______ d. femme d'affaires

_______ e. agent de police

_______ f. banquier

_______ g. homme d'affaires

_______ h. infirmière

_______ i. chauffeur de taxi

_______ j. vétérinaire

Nom ____________________ Date ____________________

4 **Qu'est-ce qu'ils disent?** Match these people with what they say about their jobs.

1. ________ 2. ________ 3. ________ 4. ________

a. C'est plus qu'un travail. C'est un métier.
b. J'adore! La recherche, c'est ma passion.
c. Je suis assez sociable, alors cette profession me convient.
d. C'est une profession exigeante, mais très intéressante.

5 **Les professions** Listen as Csilla shows you other kinds of professions and fill in the blanks with the words you hear.

Et vous, est-ce que ces (1) ________ vous intéressent: homme d'affaires ou femme d'affaires? agent de police? (2) ________? chef de cuisine? (3) ________ ou infirmier? chauffeur de taxi? Et que pensez-vous de ces (4) ________: vétérinaire? dentiste? (5) ________?

Après la vidéo

6 **L'important, c'est...** What is more important to you, having a job you enjoy or a good salary? Explain your point of view in French.

STRUCTURES

5B.1 Si clauses

1 **Trouvez des terminaisons** There are several possible logical endings for each of these sentences. Pick the most appropriate one for each sentence so that each answer is used only once.

_____ 1. Si vous ne faites pas vos devoirs, ...
_____ 2. Si on va au restaurant ce soir, ...
_____ 3. Si nous achetons un château, ...
_____ 4. S'ils arrêtent de manger des éclairs, ...
_____ 5. Si ton cousin vient à Paris en août, ...
_____ 6. Si vous prenez des leçons de conduite (*driving lessons*) cet été, ...
_____ 7. Si je ne téléphone pas à ma mère, ...
_____ 8. Si tu donnes des bonbons aux enfants, ...

a. elle sera en colère contre moi.
b. il ne pourra pas faire les magasins parce qu'ils seront tous fermés pour les vacances.
c. ils auront des caries (*cavities*) dans un an.
d. nous aurons des dettes (*debts*).
e. vous aurez de mauvaises notes.
f. vous aurez votre permis à l'automne.
g. ils maigriront.
h. on pourra manger les fameuses crêpes.

2 **Complétez les légendes** Complete the captions for these illustrations with appropriate expressions. Note that some verbs are in the present tense and others are in the future.

Modèle

Si tu lis *ce livre* trop longtemps, tu auras mal aux yeux!

1. 

2. 

3. 

4. 

5. 

1. S'il ______________________ mauvais, on estera à la maison.
2. Si je n'étudie pas pour cet examen, je/j' ______________________.
3. Si vous ______________________, vous aurez un accident!
4. Si nous ne mettons pas nos manteaux, nous ______________________.
5. Si tu ______________________ ce soir, tu te réveilleras tôt demain matin.

Nom ______________________ Date ______________________

3 **Logique ou illogique?** Decide whether each sentence is **logique** or **illogique**.

	logique	illogique
1. Si je perdais mon travail, j'aurais plus d'argent.	❍	❍
2. Si vous étiez plus sympa avec vos collègues, ils seraient plus sympas avec vous.	❍	❍
3. Si le patron nous donnait une augmentation, on pourrait acheter plus de cadeaux.	❍	❍
4. Si tu arrivais à l'heure tous les matins, le patron se mettrait en colère.	❍	❍
5. Si vous aviez moins de travail, vous auriez plus de temps pour faire de l'exercice.	❍	❍
6. Si elle parlait anglais, elle aurait moins de possibilités professionnelles.	❍	❍
7. Si M. Ibrahim était mieux payé, il ne pourrait pas avoir une voiture aussi chère.	❍	❍
8. Si nous revenions plus tôt au bureau après le déjeuner, on pourrait partir plus tôt le soir.	❍	❍

4 **Mettez des verbes** Provide verbs for this evaluation that Mr. Buisson made of his employees by providing the correct verb forms in the **imparfait**.

KHALIL, ABDEL: Cet employé doué (*talented*) fait bien son travail. S'il (1) ______________ (arriver) au bureau avant midi, il serait un meilleur employé.

SOUBISE, ADRIEN: C'est un employé moyen (*average*) qui ne s'intéresse pas beaucoup au travail. Il est pourtant (*however*) très capable dans le domaine de l'informatique. Si on lui (2) ______________ (donner) un meilleur ordinateur, il accepterait de nouvelles responsabilités.

LAMARTINE, NOÉMIE: Une performance catastrophique dans le dernier trimestre de l'année. Elle est souvent absente et ne présente pas d'excuse. Si elle (3) ______________ (venir) au bureau de temps en temps, elle pourrait éventuellement s'excuser.

COULIBALY, ADAMA: La qualité de son travail est exceptionnelle. S'il (4) ______________ (faire) un stage dans un pays anglophone pour perfectionner son anglais, il irait loin!

NGUYEN, MARIE-ANGE: Un travail très assidu (*diligent*). Elle se dispute pourtant avec ses collègues. Si elle (5) ______________ (s'entendre) mieux avec les autres, elle pourrait monter au plus haut niveau.

LECLERC, HÉLÈNE: Cette employée a beaucoup de talent mais elle a aussi trop de responsabilités pour son rang (*rank*). Si elle (6) ______________ (avoir) moins de travail à faire, elle accepterait peut-être plus facilement qu'on ne lui donne pas de promotion cette année.

5 **À vous!** Complete these sentences in an appropriate way. Note that some verbs should be in the future and some in the conditional.

1. Si j'étais riche, ______________________.
2. S'il pleut demain, ______________________.
3. Si nous n'avons pas cours lundi prochain, ______________________.
4. Si je pouvais voler (*fly*), ______________________.
5. Si on avait plus de jours de vacances, ______________________.
6. Si je parlais couramment le français, ______________________.
7. Si je peux rentrer plus tôt que prévu (*expected*) aujourd'hui, ______________________.
8. Si je trouvais une lettre d'amour dans la rue, ______________________.

Nom ______________________ Date ______________________

5B.1 Si clauses (audio activities)

1 **Finissez** You will hear incomplete statements. Choose the correct ending for each statement.

1. a. si on le lui demandait.
   b. si c'est possible.
2. a. si elle demandait une augmentation.
   b. si nous faisons une réunion.
3. a. ils vont en Italie.
   b. ils auraient le temps de voyager.
4. a. je te le dirais tout de suite.
   b. tu pouvais essayer de postuler.
5. a. si le salaire reste élevé.
   b. si son mari n'était pas au chômage.
6. a. nous n'avons pas de syndicat.
   b. il y aurait moins de problèmes.

2 **Modifiez** Change each sentence you hear to form a **si** clause that makes a suggestion or expresses a wish using the **imparfait**. Repeat the correct response after the speaker. (*6 items*)

Modèle

On va au bureau ensemble?
Si on allait au bureau ensemble?

3 **Questions** Answer each question you hear using a **si** clause according to the cue. Repeat the correct response after the speaker. (*6 items*)

Modèle

You hear: Qu'est-ce que tu feras s'il fait beau demain?
You see: marcher jusqu'au bureau
You say: **S'il fait beau demain, je marcherai jusqu'au bureau.**

1. aller au cinéma
2. nous donner une augmentation
3. organiser une réunion
4. embaucher quelqu'un d'autre
5. partir en vacances
6. lui donner mon CV

4 **Transformez** Answer each question you hear using a **si** clause according to the cue. Repeat the correct response after the speaker. (*6 items*)

Modèle

You hear: Qu'est-ce que nous ferions si nous embauchions quelqu'un?
You see: parler au chef du personnel
You say: **Si nous embauchions quelqu'un, nous parlerions au chef du personnel.**

1. prendre rendez-vous
2. être vétérinaire
3. parler des assurances
4. postuler
5. réparer tout
6. diriger 5 employés

Nom _______________ Date _______________

5B.2 Relative pronouns qui, que, dont, où

1 **Quelle description?** Match each image to its caption.

a. 

b. 

c.

d. 

e. 

f. 

_______ 1. C'est une personne dont tout le monde connaît le nom (*name*).
_______ 2. C'est une personne qui aide les animaux.
_______ 3. C'est un endroit que beaucoup de touristes visitent chaque année.
_______ 4. C'est un endroit où l'on va pour manger.
_______ 5. C'est un animal qui adore faire la sieste.
_______ 6. C'est un animal dont les dents sont terrifiantes.

2 **Pôle emploi** Several job seekers are discussing their situations with their counselor at **Pôle emploi**, the French employment agency. Select the appropriate relative pronoun to complete the sentences.

—Quelle formation faites-vous?

—La formation (1) _______________ (que / qui) je fais est celle de (*that of*) chef cuisinier.

—Vous rêvez d'une profession dans le domaine de l'éducation?

—La profession (2) _______________ (dont / où) je rêve n'est pas dans le domaine de l'éducation, mais dans le domaine des médias.

—Quels métiers trouvez-vous intéressants?

—Les métiers (3) _______________ (que / qui) je trouve intéressants sont dans l'industrie de la mode.

—Avez-vous besoin d'un emploi qui offre des augmentations régulières?

—L'emploi (4) _______________ (que / dont) j'ai besoin offre des augmentations de temps en temps et des opportunités de promotion.

—Y a-t-il quelqu'un qui vous a influencé dans votre choix (*choice*) de carrière?

—La personne (5) _______________ (qui / que) m'a influencée dans mon choix de carrière est mon professeur d'histoire-géographie au lycée.

—Vous comptez obtenir votre diplôme cette année? De quelle université?

—Oui, je compte obtenir mon diplôme cette année. L'université (6) _______________ (que / où) je fais mes études est La Sorbonne.

—Vous avez déjà été plusieurs fois au chômage?

—Oui, c'est une expérience (7) _______________ (que / dont) je connais malheureusement!

Nom ______________________ Date ______________________

3 **Complétez** Complete each sentence with the appropriate relative pronoun **qui, que, dont,** or **où.**

1. Le métier de psychologue est un métier ____________ m'intéresse (*interests me*).
2. Les chefs d'entreprise sont des personnes ____________ j'admire.
3. Les candidats ____________ on embauche sont toujours les meilleurs.
4. Une profession ____________ on ne parle pas beaucoup est celle de (*that of*) femme au foyer.
5. Un endroit ____________ je ne voudrais pas travailler est l'université.
6. Ce sont les cadres ____________ ont le moins de stress.
7. Les professions ____________ on rêve sont toujours les mieux payées.
8. Les villes ____________ je voudrais vivre offrent beaucoup d'opportunités.

4 **Que dites-vous?** Answer each question using the relative pronoun provided.

Modèle

Vous parlez de quelle personne? (dont)
La personne dont je parle est notre professeur de français.

1. Quel cours préférez-vous? (que)

   ____
2. À quel endroit est-ce que vous étudiez? (où)

   ____
3. Vous avez des cours particulièrement difficiles? (qui)

   ____
4. Avez-vous besoin de quelque chose pour mieux faire votre travail? (dont)

   ____
5. Quels livres est-ce que vous lisez pour vos cours en ce moment? (que)

   ____
6. Est-ce que quelqu'un vous aide à faire vos devoirs? (qui)

   ____

Nom ______________________ Date ______________________

5B.2 Relative pronouns **qui, que, dont, où** (audio activities)

1 **Identifiez** Listen to each statement and mark an **X** in the column of the relative pronoun you hear.

Modèle

You hear: Vous n'aurez pas l'augmentation dont vous rêvez.
You mark: an **X** under **dont**

	qui	que	dont	où
Modèle			X	
1.				
2.				
3.				
4.				
5.				
6.				
7.				
8.				

2 **Finissez** You will hear incomplete sentences. Choose the correct ending for each one.

1. a. admire beaucoup les autres. b. j'admire beaucoup.
2. a. le prof nous a parlé? b. a parlé du prof?
3. a. me permet de travailler à la maison. b. j'aime beaucoup.
4. a. est la salle de réunion? b. je travaille, je prends ma voiture.
5. a. on rêve est celle d'artiste. b. je laisse un message.
6. a. aide les animaux. b. on aime beaucoup.

3 **Complétez** Listen to Annette talk about her job search and circle the relative pronoun that belongs in place of each beep.

1. a. dont b. que
2. a. qui b. que
3. a. où b. dont
4. a. qui b. que
5. a. dont b. où
6. a. qui b. où
7. a. qu' b. dont
8. a. qui b. qu'

4 **Transformez** You will hear two sentences. Combine them to form a new sentence using a relative pronoun. Repeat the correct answer after the speaker. (*6 items*)

Modèle

Je cherche un travail. Ce travail offre une assurance-maladie.
Je cherche un travail qui offre une assurance-maladie.

Nom ______________________ Date ______________________

Unité 5

Savoir-faire

PANORAMA

1 **Qui est-ce?** Give the name and the profession of each of these people. Answer in complete sentences.

1.  
2. 
3. 
4. 

1. ______________________
2. ______________________
3. ______________________
4. ______________________

2 **Un peu de géographie** Identify these places according to what you read in **Panorama**.

1. C'est la chaîne de montagnes en Auvergne-Rhône-Alpes où on peut faire du ski: ______________________
2. C'est la région historique où la raclette ou la fondue sont spécialités: ______________________
3. C'est la ville qui est surnommée «Capitale des Alpes» et «Ville Technologique»: ______________________
4. Ce sont les sources d'inspiration pour les toits de Bourgogne: ______________________
5. C'est la ville où se situe l'Hôtel-Dieu: ______________________
6. C'est la ville où est né Louis Pasteur: ______________________
7. C'est la ville où se trouve l'Institut Pasteur: ______________________
8. Ce sont les lieux où se situent les filiales de l'Institut Pasteur: ______________________

3 **Complétez** Fill in the blank with a word or expression from **Panorama**.

1. Dijon est une ville importante de la ______________________.
2. ______________________ est un mélange de fromages fondus.
3. Grenoble est le premier centre de ______________________ en France, après Paris.
4. ______________________ de Grenoble est un accélérateur de particules qui permet d'étudier la matière.
5. L'Hôtel-Dieu a été construit pour recevoir ______________________ et ______________________.
6. Louis Pasteur a découvert ______________________ et la cause de ______________________.
7. La recette bourguignonne des ______________________ devient populaire au 19e siècle.

Nom ______________________ Date ______________________

4 **Vrai ou faux?** Indicate whether these statements are **vrai** or **faux**. Correct the false statements.

1. Colette était une actrice célèbre.
____
2. Au Moyen Âge, les escargots servaient à la fabrication de sirops contre la toux.
____
3. Les escargots aident à lutter contre le mauvais cholestérol et les maladies cardio-vasculaires.
____
4. Pour la raclette, on met du fromage à raclette sur un appareil pour le faire fondre (*melt*).
____
5. On mange la raclette avec du pain et de la salade.
____
6. Les toits en tuiles vernissées (*glazed tiles*) multicolores sont typiques de Grenoble.
____
7. Aujourd'hui, l'Hôtel-Dieu est un des hôpitaux les plus modernes de France.
____
8. Louis Pasteur a fait des recherches sur les maladies contagieuses.
____

5 **Expliquez** Use information from **Panorama** to write sentences using the relative pronouns **qui, que, dont,** and **où**. You may write about the topics provided or other ones from the readings.

la Bourgogne-Franche-Comté	l'Auvergne-Rhône-Alpes	Gustave Eiffel les escargots	la Savoie Grenoble	les toits de Bourgogne	Louis Pasteur

Modèle

Antoine de Saint-Exupéry est l'écrivain qui a écrit Le Petit Prince.

1. ______________________
2. ______________________
3. ______________________
4. ______________________
5. ______________________
6. ______________________
7. ______________________
8. ______________________

Nom ______________________ Date ______________________

Unité 6

Leçon 6A

CONTEXTES

1 **Cherchez** Find the rest of the words and expressions in the grid, looking backward, forward, vertically, horizontally, and diagonally.

- abolir
- améliorer
- catastrophe
- covoiturage
- déchets toxiques
- écologique
- effet de serre
- en plein air
- ~~environnement~~
- gaspillage
- pluie acide
- protection

D	R	R	S	A	U	V	O	N	A	S	E	C	P	L
A	É	I	E	P	L	A	N	B	E	R	G	A	L	T
E	E	C	A	R	J	I	O	J	R	O	A	T	U	F
E	G	F	H	N	O	L	B	E	V	E	R	A	I	W
É	P	A	M	E	I	I	S	M	L	L	U	S	E	Y
C	C	R	L	R	T	E	L	X	S	S	T	T	A	X
J	T	O	O	L	D	S	L	É	N	N	I	R	C	I
V	Y	I	L	T	I	W	T	P	M	L	O	O	I	Q
A	C	F	E	O	E	P	E	O	N	A	V	P	D	D
M	U	F	H	G	G	C	S	X	X	E	O	H	E	V
L	F	E	L	T	I	I	T	A	Y	I	C	E	G	L
E	H	H	U	F	W	W	Q	I	G	I	Q	E	P	N
G	Z	T	Q	O	J	R	J	U	O	U	Q	U	I	J
B	F	U	R	J	X	I	U	F	E	N	Y	N	E	D
E	N	V	I	R	O	N	N	E	M	E	N	T	K	S

2 **Qu'est-ce qui se passe?** Describe each illustration using two vocabulary words from the lesson.

1. 

2. 

3. 

1. ____
2. ____
3. ____

3 **Chassez l'intrus** Indicate the word that does not belong in each group.

1. améliorer, gaspiller, préserver, sauver
2. une catastrophe, l'effet de serre, un glissement de terrain, le recyclage
3. l'écologie, le gaspillage, la surpopulation, des déchets toxiques
4. la pluie acide, le recyclage, le ramassage des ordures, un emballage
5. écologique, propre, sale, pur
6. le gaspillage, la pollution, une solution, la surpopulation
7. un trou dans la couche d'ozone, un nuage de pollution, un glissement de terrain, l'effet de serre
8. l'écologie, la protection, une solution, polluer

Nom ______________________ Date ______________________

4 **À chaque problème sa solution** Match each problem with its solution in complete sentences.

les problèmes

la pollution de l'air
les glissements de terrain
les déchets toxiques
la surpopulation
le gaspillage
la pollution

les solutions

prévenir les incendies de forêts
recycler plus
développer des emballages écologiques
donner une amende aux pollueurs
faire du covoiturage
éviter une population croissante

Modèle

l'effet de serre / interdire la pollution de l'air
Pour trouver une solution au problème de l'effet de serre, on doit commencer par interdire la pollution de l'air.

1. ____
2. ____
3. ____
4. ____
5. ____
6. ____

5 **En 2050** A new scientific study has revealed some of the problems that we will face in the future. Fill in each blank with a word or expression from the list. Make all the necessary changes and agreements. Note that not all the words will be used.

abolir	énergie	gouvernement	réchauffement
catastrophe	environnement	population croissante	sauver
effet de serre	espace	protection	solution

Le (1) ______________ climatique peut conduire à une véritable (2) ______________ d'ici 2050. Si (3) ______________ ne développent pas une politique de (4) ______________ de l'environnement, nous ne sauverons pas la planète.

L'(5) ______________ est un des principaux problèmes. Nous devons avoir plus d' (6) ______________ propres comme l'énergie solaire. Ce problème est lié à (*linked to*) une (7) ______________: elle a été multipliée par 2,5 en 50 ans.

On doit rapidement penser à une (8) ______________ si nous voulons (9) ______________ la planète. L' (10) ______________ nous concerne tous.

Nom ______________________ Date ______________________

CONTEXTES: AUDIO ACTIVITIES

1 Identifiez You will hear a series of words. Write the word that does not belong in each series.

1. ______________ 5. ______________
2. ______________ 6. ______________
3. ______________ 7. ______________
4. ______________ 8. ______________

2 À choisir For each drawing you see, you will hear two statements. Indicate which statement goes with the drawing.

1. 

2.

3. 

1. a. b.
2. a. b.
3. a. b.

3 Choisissez Listen to each question and choose the most logical response.

1. a. Oui, les voitures préservent l'environnement. b. Oui, les voitures sont un danger pour l'environnement.
2. a. C'est pour éviter le gaspillage. b. C'est pour prévenir les incendies.
3. a. Oui, il faut arrêter la pluie acide. b. Oui, il faut proposer des solutions.
4. a. Les usines. b. L'emballage en plastique.
5. a. Oui, deux fois par semaine. b. Oui, à cause de la surpopulation.
6. a. Oui, c'est une nouvelle loi. b. Oui, il y en a souvent ici.

4 Déterminez Indicate whether each statement you hear is **logique** or **illogique**.

	logique	illogique
1.	❍	❍
2.	❍	❍
3.	❍	❍
4.	❍	❍
5.	❍	❍
6.	❍	❍
7.	❍	❍
8.	❍	❍

Nom ______________________ Date ______________________

LES SONS ET LES LETTRES

French and English spelling

You have seen that many French words only differ slightly from their English counterparts. Many differ in predictable ways. English words that end in *-y* often end in **-ie** in French.

biolo**gie** psycholo**gie** éner**gie** écolo**gie**

English words that end in *-ity* often end in **-ité** in French.

quali**té** universi**té** ci**té** nationali**té**

French equivalents of English words that end in *-ist* often end in **-iste**.

art**iste** optim**iste** pessim**iste** dent**iste**

French equivalents of English words that end in *-or* and *-er* often end in **-eur**. This tendency is especially common for words that refer to people.

doct**eur** act**eur** employ**eur** agricult**eur**

Other English words that end in *-er* end in **-re** in French.

cent**re** memb**re** lit**re** théât**re**

Other French words vary in ways that are less predictable, but they are still easy to recognize.

problème orchestre carotte calculatrice

1 **Prononcez** Répétez les mots suivants à voix haute.

1. tigre
2. bleu
3. lettre
4. salade
5. poème
6. banane
7. tourisme
8. moniteur
9. pharmacie
10. écologiste
11. conducteur
12. anthropologie

2 **Articulez** Répétez les phrases suivantes à voix haute.

1. Ma cousine est vétérinaire.
2. Le moteur ne fonctionne pas.
3. À la banque, Carole paie par chèque.
4. Mon oncle écrit l'adresse sur l'enveloppe.
5. À la station-service, le mécanicien a réparé le moteur.

3 **Dictons** Répétez les dictons à voix haute.

1. On reconnaît l'arbre à son fruit.
2. On ne fait pas d'omelette sans casser des œufs.

4 **Dictée** You will hear eight sentences. Each will be said twice. Listen carefully and write what you hear.

1. ______________________
2. ______________________
3. ______________________
4. ______________________
5. ______________________
6. ______________________
7. ______________________
8. ______________________

Nom ______________________ Date ______________________

Roman-photo

UNE IDÉE DE GÉNIE

Avant de regarder

1 **Qu'est-ce qui se passe?** Read the title and look at the photo. What do you think might happen in this video module?

____

____

____

____

____

En regardant la vidéo

2 **Qui?** Indicate which character says each of these lines. Write **A** for Amina, **D** for David, **R** for Rachid, **S** for Sandrine, or **V** for Valérie.

_______ 1. Elle ne vient ni aujourd'hui, ni demain, ni la semaine prochaine.

_______ 2. Il faut que je vous parle de cet article sur la pollution.

_______ 3. Oh, David, la barbe.

_______ 4. Je n'ai pas vraiment envie de parler de ça.

_______ 5. Pensons à quelque chose pour améliorer la situation.

_______ 6. Si on allait au mont Sainte-Victoire ce week-end?

_______ 7. J'adore dessiner en plein air.

_______ 8. En effet, je crois que c'est une excellente idée!

3 **Identifiez-les** Match these images with their captions.

1. ______________

3. ______________

2. ______________

4. ______________

a. Plus celui-ci.

b. Tu peux aller recycler ces bouteilles en verre?

c. Il faut que nous passions le reste de mon séjour de bonne humeur, hein?

d. Vous avez lu le journal ce matin?

Nom ______________________ Date ______________________

4 **Complétez** Watch Amina and Rachid convince their friends to go on a hike, and complete the conversation with the missing words.

air	campagne	fera	reposer
besoin	devez	pollution	venir

AMINA Allez! Ça nous (1) __________ du bien! Adieu (2) __________ de la ville. À nous, l' (3) __________ pur de la (4) __________! Qu'en penses-tu Sandrine?

SANDRINE Bon, d'accord.

AMINA Super! Et vous, Madame Forestier? Vous et Stéphane avez (5) __________ de vous (6) __________ aussi, vous (7) __________ absolument (8) __________ avec nous!

Après la vidéo

5 **Vrai ou faux?** Indicate whether these statements are **vrai** or **faux**.

	Vrai	Faux
1. Michèle est en vacances.	❍	❍
2. David rentre aux États-Unis dans trois semaines.	❍	❍
3. Le concert de Sandrine est dans une semaine.	❍	❍
4. David adore dessiner en plein air.	❍	❍
5. Sandrine ne va pas aller à la montagne Sainte-Victoire.	❍	❍
6. Valérie et Stéphane vont aussi y aller.	❍	❍

6 **Expliquez** Answer these questions in French according to what you saw in the video.

1. Pourquoi est-ce que Sandrine est de mauvaise humeur?

____

2. Pourquoi est-ce que Valérie est de mauvaise humeur?

____

3. De quoi parle l'article que David a lu?

____

4. Pourquoi est-ce que Rachid propose d'aller à la montagne Sainte-Victoire?

____

7 **À vous!** In this episode, Valérie has Stéphane recycle some bottles. What can you do to preserve the environment in which you live?

____

____

____

____

____

Nom ______________________ Date ______________________

STRUCTURES

6A.1 Demonstrative pronouns

1 **La réunion** You are attending a student committee meeting on the environment for the first time. Your friend Bertrand is explaining to you who people are and what is going on. Fill in the blanks with the appropriate demonstrative pronoun.

1. L'élève à droite, ______________ avec l'écharpe marron, c'est Cédric.
2. La personne qui parle en ce moment, c'est ______________ qui dirige l'association.
3. Les élèves les plus actifs, ce sont ______________ que tu vois (*see*) là-bas.
4. La question la plus importante ce soir, c'est ______________ du recyclage au lycée.
5. Les réunions les plus importantes, ce sont ______________ qui ont lieu (*take place*) à la mairie.
6. ______________ qui porte des lunettes, c'est Anne-Marie Lombard.
7. On ne sait toujours pas qui sera élu (*elected*) président cette année. Peut-être que ce sera l'ancien secrétaire, ______________ qui est parti étudier l'Amazonie pendant un an.
8. Moi, je suis plutôt d'accord avec ______________ qui pensent qu'il faut proposer une loi au directeur du lycée.

2 **Les problèmes écologiques** Rewrite these sentences using demonstrative pronouns to avoid repetitions.

Modèle

Je pense à tes idées et aux idées de Nouria.
Je pense à tes idées et à celles de Nouria.

1. Le recyclage du papier est plus important que le recyclage du verre.

   ____
2. L'augmentation de la pollution en Europe est moins grande que l'augmentation de la pollution aux États-Unis.

   ____
3. Le problème de l'effet de serre est lié (*linked*) au problème du trou de la couche d'ozone.

   ____
4. Les amendes que l'industrie paie sont moins importantes que les amendes que le gouvernement donne.

   ____
5. Les produits d'aujourd'hui sont moins polluants que les produits des années cinquante.

   ____
6. Le danger causé par les déchets toxiques est aussi grave que le danger causé par la pluie acide.

   ____
7. Le ramassage des ordures du campus est meilleur que le ramassage des ordures de la ville.

   ____
8. La loi sur la protection de l'environnement est plus sévère que la loi contre le gaspillage de l'énergie.

   ____

3 **Lequel?** Florent has just come back from his semester abroad and he needs to do some catching up with his roommate about what has been going on in his absence. Choose the appropriate demonstrative pronoun.

1. Ce bâtiment, c'est _______________ (celui de / celui que / celui qui) avait été détruit par un incendie.
2. Les examens, _______________ (celles de / ceux de / ceux que) décembre, étaient très difficiles.
3. Le professeur de physique, _______________ (celui qui / celle qui / celle-ci) a reçu un prix, va être mon prof le semestre prochain.
4. Les soirées de la Maison Française sont _______________ (celles qui / celles que / celles de) j'ai le plus fréquentées.
5. L'étudiant sénégalais, _______________ (celui en / celui qui / celui de) l'étage du dessous, est parti pour un semestre en Argentine.
6. J'ai perdu mon portefeuille (*wallet*), _______________ (celui de / celui que / celui-là) que tu m'as donné pour mon anniversaire.
7. J'ai lu deux romans d'Émile Zola, _______________ (celui qui / ceux dont / ceux que) tu m'as tant parlé.
8. La nouvelle directrice du département de français est d'origine canadienne. Elle est très différente de _______________ (celle-là / celle qu' / celle d') avant.

4 **Au café** Complete the conversation with the appropriate demonstrative pronoun and any other necessary elements.

SYLVIE Dis, tu connais cet élève?

DAMIEN Lequel? (1) _______________ avec le pull rouge ou (2) _______________ avec la veste noire?

SYLVIE Mais non, (3) _______________, à l'entrée de la librairie.

DAMIEN Non, désolé. Est-ce que tu as lu les livres pour la classe de français?

SYLVIE J'ai lu (4) _______________ Victor Hugo, mais pas (5) _______________ George Sand a écrit.

MALIKA Moi, j'ai aimé la nouvelle (*short novel*). Tu sais, (6) _______________ est intitulée *La fille aux yeux d'or*.

DAMIEN Ah oui, c'est de Maupassant.

MALIKA Mais non, (7) _______________, elle est de Balzac.

SYLVIE Moi, je n'aime pas les livres qu'on nous a demandé de lire. Je préfère (8) _______________ je choisis.

Nom ______________________ Date ______________________

6A.1 Demonstrative pronouns (audio activities)

1 **En vacances** Listen to each statement and write its number below the drawing it describes. There are more statements than there are drawings.

a. ____________ b. ____________ c. ____________

d. ____________ e. ____________

2 **Transformez** Restate each sentence using a demonstrative pronoun. Repeat the correct response after the speaker. (*6 items*)

Modèle

La pollution de l'eau est aussi grave que la pollution des villes.

La pollution de l'eau est aussi grave que celle des villes.

3 **Décidez** Listen to these statements and indicate whether they use the correct demonstrative pronoun (**oui**) or not (**non**).

	oui	non		oui	non
1.	❍	❍	5.	❍	❍
2.	❍	❍	6.	❍	❍
3.	❍	❍	7.	❍	❍
4.	❍	❍	8.	❍	❍

4 **Questions** Answer each question you hear using the cue and the appropriate demonstrative pronoun. Repeat the correct response after the speaker.

Modèle

You hear: Quel emballage est-ce que nous devons utiliser?

You see: l'emballage qui ferme le mieux

You say: **Celui qui ferme le mieux.**

1. les sacs qui se recyclent
2. le problème du réchauffement de la planète
3. mes amis qui sont les plus optimistes
4. les solutions qui ont l'air trop compliquées et les solutions qui coûtent cher
5. l'avenir qu'on prépare aujourd'hui
6. les questions qui sont simples

Nom ______________________ Date ______________________

6A.2 The subjunctive (Part 1)

1 **Les obligations** Your friend Patrice is planning a party. Complete each sentence with the subjunctive forms of the verbs in parentheses to find out how the planning is going.

1. Farida ne peut pas venir parce qu'il est indispensable qu'elle ______________ (finir) son devoir de français.
2. Il faut que Michel me ______________ (dire) à quelle heure il peut venir.
3. Il faut que j'______________ (attendre) la réponse de Karim.
4. Il est possible que les invités ______________ (apporter) de la nourriture.
5. Il vaut mieux que mes colocataires ______________ (prévenir—*to tell*) les voisins.
6. Il est dommage que Mariam ne ______________ (prendre) pas un train plus tôt.
7. Il est nécessaire que j'______________ (acheter) des boissons.
8. Il est essentiel que nous ______________ (recycler) les verres en plastique.

2 **Avant les vacances** Amadou and his family are about to go on vacation, but there are still a few things that they need to do before leaving. Write complete sentences with the elements provided to know who has to do what.

1. il / être / important / Aïcha / parler / au professeur de français

   ____

2. il / être / nécessaire / Ousman / et / sa meilleure amie / acheter / leurs billets d'avion

   ____

3. il / être / bon / je / partir / mercredi matin / au plus tard

   ____

4. il / être / essentiel / tu / vendre / ta vieille voiture

   ____

5. il / falloir / nous / nettoyer / la maison

   ____

6. il / valoir mieux / vous / appeler / le propriétaire

   ____

7. il / être / important / Sira / enlever / son vélo / du garage

   ____

8. il / être / essentiel / je / obtenir / un visa / pour la Tunisie

   ____

3 **Les résolutions** The student committee for the environment in your school has written a pledge. It asks students to follow certain rules to help preserve the environment. Complete the sentences with the present subjunctive of the verbs from the list.

comprendre	éviter	partager	préserver	ne pas réduire
éteindre	ne pas interdire	prendre	recycler	remplir

Il est maintenant essentiel que les élèves (1) ______________ l'environnement. Si nous voulons sauver la planète, il faut que nous (2) ______________ le gaspillage et que nous (3) ______________ le papier et les emballages en plastique. Il est nécessaire que nous (4) ______________ mieux les mécanismes du réchauffement climatique si nous voulons changer les choses. La conférence sur le climat de Montréal a montré qu'il vaut mieux qu'on (5) ______________ les transports en commun ou que nous (6) ______________ notre voiture. Il est également bon que chacun (7) ______________ la lumière quand il n'y a personne dans une pièce.

Ici, à l'école, nous pensons qu'il est dommage que le directeur (8) ______________ l'utilisation des voitures et que l'école (9) ______________ sa consommation d'eau. Il est essentiel que l'école (10) ______________ les conditions de la charte que nous proposons.

4 **Une lettre** Write a letter for the next meeting of the environmental committee using the words and phrases from the list.

améliorer	développer	il est important que	polluer
une catastrophe	écologique	il est nécessaire que	la protection
un danger	un emballage	il faut que	le recyclage

____

____

____

____

____

____

____

____

____

____

____

____

____

____

Nom ______________________ Date ______________________

6A.2 The subjunctive (Part 1): introduction, regular verbs, and impersonal expressions (audio activities)

1 **Choisissez** You will hear some sentences with a beep in place of a verb. Decide which verb should complete each sentence and circle it.

Modèle

You hear: Il est impossible que ce gaspillage *(beep)*
You see: continue continuait
You circle: continue

1. abolissions abolissons
2. aidez aidiez
3. connaissent connaîtraient
4. travaillent travaillaient
5. intéressons intéressions
6. arrêtaient arrêtent
7. interdise interdit
8. proposiez proposez

2 **Complétez** Listen to what Manu wants to do to save the environment and write the missing words.

Il faut que nous (1) ____________ notre quotidien. Il vaut mieux que nous (2) ____________ d'utiliser des sacs en plastique et il est important que les gens (3) ____________ à recycler chez eux! Il est essentiel aussi que nous n' (4) ____________ plus de produits ménagers dangereux; il est bon qu'on (5) ____________ des produits plus naturels. Enfin, il est nécessaire que nous (6) ____________ tous de ne pas gaspiller l'électricité, car il est impossible que les pays (7) ____________ à développer l'énergie nucléaire. Avec ces simples idées, il est très possible que nous (8) ____________ à sauver la planète!

3 **Conjuguez** Restate each sentence you hear using the subject you see. Repeat the correct response after the speaker. (*6 items*)

Modèle

You hear: Est-ce qu'il faut que je recycle ces emballages?
You see: nous
You say: **Est-ce qu'il faut que nous recyclions ces emballages?**

1. vous 2. ils 3. vous 4. on 5. tu 6. je

4 **Transformez** Change each sentence you hear to the present subjunctive using the expressions you see. Repeat the correct response after the speaker.

Modèle

You hear: Tu recycleras ces bouteilles.
You see: Il est important...
You say: **Il est important que tu recycles ces bouteilles.**

1. Il n'est pas essentiel...
2. Il est bon...
3. Il est important...
4. Il est dommage...
5. Il ne faut pas...
6. Il vaut mieux...

Nom ______________________ Date ______________________

Unité 6

Leçon 6B

CONTEXTES

1 **Chassez l'intrus** Indicate the word that does not belong in each group.

1. un écureuil, un lapin, un sentier, un serpent
2. un fleuve, une plante, l'herbe, une fleur
3. une côte, un fleuve, une falaise, un lac
4. un lapin, une vache, un écureuil, un serpent
5. une étoile, le ciel, une région, la Lune
6. un arbre, un bois, une pierre, l'herbe
7. la chasse, détruire, l'écotourisme, le déboisement
8. la préservation, une espèce menacée, une extinction, un lac

2 **Classez** Mark an X in the appropriate column to indicate whether each item is part of **le ciel, la terre,** or **l'eau.**

	le ciel	la terre	l'eau
1. un désert	______	______	______
2. une étoile	______	______	______
3. une falaise	______	______	______
4. un fleuve	______	______	______
5. un lac	______	______	______
6. la Lune	______	______	______
7. une pierre	______	______	______
8. une rivière	______	______	______
9. une vallée	______	______	______
10. un volcan	______	______	______

3 **La randonnée** Read this letter from your friend Camille about her latest walk in the **Parc naturel de la Chartreuse.** Fill in each blank with an appropriate word or expression. Notice that not all the words will be used. Make all the necessary changes and agreements.

le ciel	une falaise	un lac	une plante	un sentier
détruire	une forêt	la nature	une région	une vallée
un écureuil	jeter	un pique-nique	une rivière	

Le week-end dernier, j'ai fait une randonnée dans le Parc naturel de la Chartreuse. C'est une réserve naturelle dans (1) ______________ d'Auvergne-Rhône-Alpes. Là, la protection de (2) ______________, c'est une chose sérieuse. Il faut marcher sur (3) ______________ pour ne pas (4) ______________ les (5) ______________. Il est bien sûr interdit de (6) ______________ des ordures par terre. Alors, quand on a fait (7) ______________ à midi, nous avons gardé nos déchets. On a traversé (8) ______________ de pins. Je voulais voir des (9) ______________ mais, ici, il est difficile de les voir. Ce sont des animaux sauvages. Néanmoins (*Nevertheless*), la vue sur (10) ______________ est magnifique. Ensuite, nous avons dû traverser (11) ______________ sur un tronc d'arbre, mais je n'ai pas perdu l'équilibre. Nous avons fini la randonnée au (12) ______________ de Paladru où nous avons un peu nagé.

Nom ______________________ Date ______________________

4 **Le mot mystère** Using these definitions, fill in the corresponding spaces in the grid to find out the mystery word.

1. C'est l'endroit où Tarzan habite.
2. C'est un endroit où il n'y a pas beaucoup de plantes et où il pleut très peu.
3. C'est un petit animal qui vit (*lives*) dans les arbres.
4. C'est l'action de protéger la nature et les ressources naturelles.
5. On en parle quand une espèce est menacée.
6. La France en a 18, par exemple, la Normandie et l'Occitanie.
7. C'est un synonyme du mot «environnement».
8. C'est quand on tue (*kills*) les animaux pour le sport ou pour les manger.
9. C'est un précipice près de la mer ou de l'océan.
10. Ce sont les différents types d'animaux et de plantes.
11. C'est l'action de couper les arbres de la forêt.
12. C'est un synonyme du mot «chemin».

Le mot mystère, c'est le nom d'une forme de vacances qui ne détruit pas la nature. ______________

5 **Décrivez** Describe these images using vocabulary from the lesson.

1. ______________________

2. ______________________

3. ______________________

4. ______________________

Nom ______________________ Date ______________________

CONTEXTES: AUDIO ACTIVITIES

1 **Associez** Circle the word or words that are logically associated with each word you hear.

1. chasser	détruire	préserver
2. désert	rivière	lac
3. lapin	serpent	côte
4. champ	bois	forêt
5. étoile	champ	falaise
6. montagne	chasse	extinction

2 **Logique ou illogique?** Listen to these statements and indicate whether they are **logique** or **illogique**.

	Logique	Illogique		Logique	Illogique
1.	❍	❍	5.	❍	❍
2.	❍	❍	6.	❍	❍
3.	❍	❍	7.	❍	❍
4.	❍	❍	8.	❍	❍

3 **Décrivez** Look at the picture. Listen to these statements and decide whether each statement is **vrai** or **faux**.

	Vrai	Faux		Vrai	Faux
1.	❍	❍	4.	❍	❍
2.	❍	❍	5.	❍	❍
3.	❍	❍	6.	❍	❍

Nom ____________________ Date ____________________

LES SONS ET LES LETTRES

Homophones

Many French words sound alike, but are spelled differently. As you have already learned, sometimes the only difference between two words is a diacritical mark. Other words that sound alike have more obvious differences in spelling.

a / **à**	ou / **où**	**sont** / **son**	**en** / **an**

Several forms of a single verb may sound alike. To tell which form is being used, listen for the subject or words that indicate tense.

je **parle**	tu **parles**	ils **parlent**
vous **parlez**	j'ai **parlé**	je vais **parler**

Many words that sound alike are different parts of speech. Use context to tell them apart.

VERB	POSSESSIVE ADJECTIVE	PREPOSITION	NOUN
Ils **sont** belges.	C'est **son** mari.	Tu vas **en** France?	Il a un **an**.

You may encounter multiple spellings of words that sound alike. Again, context is the key to understanding which word is being used.

je **peux** *I can*	elle **peut** *she can*	**peu** *a little, few*
le **foie** *the liver*	la **foi** *faith*	une **fois** *one time*
haut *high*	l'**eau** *water*	**au** *at, to, in the*

1 **Prononcez** Répétez les paires de mots suivantes à voix haute.

1. ce	se	4. foi	fois	7. au	eau	10. lis	lit
2. leur	leurs	5. ces	ses	8. peut	peu	11. quelle	qu'elle
3. né	nez	6. vert	verre	9. où	ou	12. c'est	s'est

2 **Choisissez** Choisissez le mot qui convient à chaque phrase.

1. Je (lis / lit) le journal tous les jours.
2. Son chien est sous le (lis / lit).
3. Corinne est (née / nez) à Paris.
4. Elle a mal au (née / nez).

3 **Jeux de mots** Répétez les jeux de mots à voix haute.

1. Le ver vert va vers le verre.
2. Mon père est maire, mon frère est masseur.

4 **Dictée** You will hear eight sentences. Each will be said twice. Listen carefully and write what you hear.

1. ____________________
2. ____________________
3. ____________________
4. ____________________
5. ____________________
6. ____________________
7. ____________________
8. ____________________

Nom ________________ Date ________________

Roman-photo

LA RANDONNÉE

Avant de regarder

1 **Qu'est-ce qui se passe?** Look at the photo. In this episode, the characters go to **la montagne Sainte-Victoire**. What words and expressions do you expect to hear them say?

____

____

____

____

____

En regardant la vidéo

2 **Qui?** Indicate which character says each of these lines. Write **A** for Amina, **D** for David, **R** for Rachid, **S** for Sandrine, **St** for Stéphane, or **V** for Valérie.

_______ 1. Regardez ce ciel bleu, le vert de cette vallée.
_______ 2. Nous sommes venus ici pour passer un bon moment ensemble.
_______ 3. C'est romantique ici, n'est-ce pas?
_______ 4. Tiens, et si on essayait de trouver des serpents?
_______ 5. Avant de commencer notre randonnée, je propose qu'on visite la Maison Sainte-Victoire.
_______ 6. Ne t'inquiète pas, ma chérie.

3 **Mettez-les dans l'ordre** Number these events in the order in which they occur.

_______ a. David dessine.
_______ b. Le groupe visite la Maison Sainte-Victoire.
_______ c. Le groupe fait un pique-nique.
_______ d. Rachid et Amina s'embrassent.
_______ e. Le groupe fait une randonnée.

4 **Complétez** Watch the video segment in which the guide talks about **la montagne Sainte-Victoire**. Complete these sentences with words from the list. Some words may be repeated.

forêt	incendie	préservation	sauvetage
gestion	montagne	prévention	sentier
habitats	musée	protégé	

1. La Maison Sainte-Victoire a été construite après l'_______________ de 1989.
2. Oui, celui qui a détruit une très grande partie de la _______________.
3. Maintenant, il y a un _______________, un _______________ de découvertes dans le jardin et la montagne est un espace _______________.
4. Eh bien, nous nous occupons de la _______________ de la _______________ et de la _______________.
5. Notre mission est la _______________ de la nature, le _______________ des _______________ naturels et la _______________ des incendies.

Nom ______________________ Date ______________________

5 **Choisissez** Choose the correct completions for these sentences according to what you hear in the video.

1. Il est essentiel qu'on laisse cet endroit ____________!
   a. pur b. écologique c. propre
2. J'allais mettre ça à ____________ plus tard.
   a. l'environnement b. la poubelle c. la pollution
3. Cette ____________ est tellement belle!
   a. montagne b. vallée c. fleur
4. Merci, elle est très belle, ____________.
   a. cette fleur b. cette forêt c. ce dessin
5. Tu es plus belle que toutes les fleurs de la ____________ réunies!
   a. nature b. vallée c. montagne

Après la vidéo

6 **Vrai ou faux?** Indicate whether these statements are **vrai** or **faux**.

	Vrai	Faux
1. Cézanne dessinait souvent à la montagne Sainte-Victoire.	❍	❍
2. C'est la première fois que David vient à la montagne.	❍	❍
3. Amina a peur des serpents.	❍	❍
4. Sandrine aime bien le fromage.	❍	❍
5. David fait un portrait de Sandrine.	❍	❍
6. Stéphane suit Amina et Rachid.	❍	❍

7 **À vous!** Describe a time when you visited a state park or other type of nature preserve. What did you see and do? What rules did you have to follow there?

Nom ______________________ Date ______________________

Flash culture

L'ESPACE VERT

Avant de regarder

1 **Vocabulaire supplémentaire** Look over these words and expressions before you watch the video.

amateurs de ski	*skiers*	vignoble	*vineyard*
idéal	*ideal*	fabuleuses	*fabulous*
sports d'hiver	*winter sports*	cosmopolite	*cosmopolitan*
influence culturelle	*cultural influence*	le Vieux Carré	*French Quarter*
typiques	*typical*	paradis	*paradise*
construit	*built*	parlement	*parliament*
îlot	*small island*		

2 **Le monde francophone** In this video, you will see footage of various French-speaking areas around the world. In preparation, label the numbered places on the map.

1. ______________
2. ______________
3. ______________
4. ______________
5. ______________

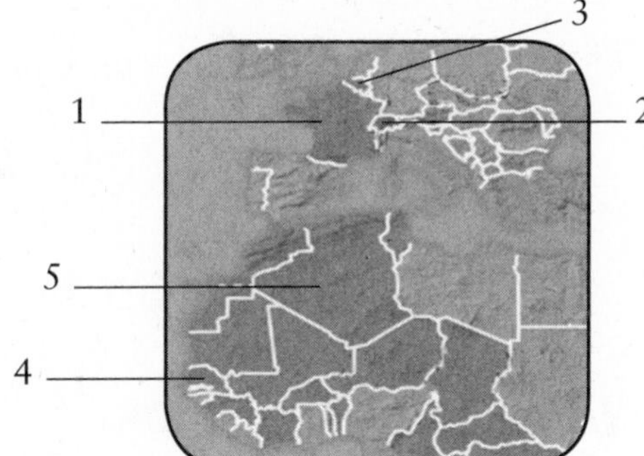

En regardant la vidéo

3 **La France** What places are pictured below?

1. ______________

2. ______________

3. ______________

4. ______________

5. ______________

6. ______________

7. ______________

a. un vignoble près de Bordeaux
b. le Mont-Saint-Michel
c. la Côte d'Azur
d. le château de Chenonceau
e. Notre-Dame de Paris
f. l'Alsace
g. les Alpes

4 **Complétez** Complete the captions according to what Benjamin says in the video.

1. Aujourd'hui, nous sommes près de la ____________.
2. Le Mont-Saint-Michel est construit sur un ____________ dans le ____________ de la France.
3. Dans la ____________ de la Loire, il y a le célèbre ____________ de Chenonceau et ses ____________.
4. Les ____________ de Tahiti sont ____________!
5. Ça, c'est ____________, en Algérie, en ____________ du nord.
6. Dakar est un ____________ important pour le commerce.
7. C'est la ville du parlement ____________, de la Grand- ____________ et, bien sûr, des ____________.

Après la vidéo

5 **Descriptions** What places are described below?

Bruxelles	Montréal	Papeete
Cannes	Nice	le Québec
Dakar	Notre-Dame	Tahiti

1. Cette île se trouve dans l'océan Pacifique. ____________________
2. Cette province se trouve au Canada. ____________________
3. C'est une cathédrale à Paris. ____________________
4. Ce sont des villes de la Côte d'Azur. ____________________ et ____________________
5. C'est une ville cosmopolite au Québec. ____________________
6. C'est la capitale de la Polynésie française. ____________________
7. C'est la capitale du Sénégal. ____________________
8. C'est la capitale de la Belgique. ____________________

6 **Comparaisons** Choose two different places depicted in the video, and write a brief paragraph comparing them. In what ways are they similar? How do they differ? Write at least six sentences.

____

____

____

____

____

____

Nom ____________________ Date ____________________

STRUCTURES

6B.1 The subjunctive (Part 2)

1 **La réunion** You are reading the notes from last week's student association meeting. Complete each sentence with the correct subjunctive form of the verb in parentheses to find out what students have suggested.

1. Solange suggère qu'on ______________ (organiser) plus de randonnées en montagne.
2. Damien désire que plus d'élèves ______________ (venir) aux réunions.
3. Isabelle souhaite que les sorties ______________ (être) plus fréquentes.
4. Thao recommande que nous ______________ (visiter) les grottes (*caves*) qui sont près d'ici.
5. Sophie veut que l'association ______________ (faire) plus de publicité (*advertisement*).
6. Pavel propose que nous ______________ (être) plus actifs.
7. Malik demande que la directrice du lycée ______________ (soutenir) (*to support*) nos actions.
8. Renée exige que de nouvelles élections ______________ (avoir) lieu (*take place*) bientôt.

2 **Le film** You are interviewing people who have just watched a new French film at your local movie theater. Use these cues to write their responses using the subjunctive.

1. je / aimer / le film / finir / bien

____

2. je / regretter / les acteurs / ne pas être / plus connus

____

3. je / être surpris / le film / remplir (*to fill*) / la salle

____

4. nous / être heureux / un film français / venir / dans notre ville

____

5. elles / être triste / les acteurs / ne pas discuter du film / avec le public

____

6. il / être désolé / il / ne pas y avoir / de sous-titres (*subtitles*)

____

7. elle / avoir peur / les gens / ne pas comprendre / toutes les références culturelles

____

8. ils / être content / l'histoire / faire / rire

____

3 **Les nouvelles** Éric has just received a family newsletter from his relatives. Express his emotions about the news, using the cues provided.

Modèle

Martine part vivre en France. (surpris) *Je suis surpris(e) que Martine parte vivre en France.*

1. Tante Catherine a un bébé de deux mois. (content)
2. Sylvain est prof de maths. (heureux)
3. Marie fait des compétitions de ski. (surpris)
4. Mon grand-oncle est malade. (regretter)
5. Ma cousine Fifi va à l'université. (content)
6. L'équipe de Marc perd le championnat. (furieux)

4 **Qui est-ce?** Rewrite each sentence using the word in parentheses as the new subject of the underlined verb. Be careful! Not all sentences will use the subjunctive.

Modèle

Isabelle souhaite faire un pique-nique. (nous)
Isabelle souhaite que nous fassions un pique-nique.

Jacques souhaite qu'ils aillent au parc. (Jacques)
Jacques souhaite aller au parc.

1. Je suis heureux de faire quelque chose pour l'environnement. (vous)
2. Ils veulent que je fasse une randonnée en montagne. (ils)
3. Vous désirez prévenir les incendies. (elle)
4. Vous êtes contents qu'ils recyclent plus d'emballages. (vous)
5. Elles préfèrent interdire les voitures autour de l'école. (le directeur de l'école)
6. Tu veux abolir l'énergie nucléaire. (le gouvernement)
7. Nous n'aimons pas que les gens aient des animaux domestiques. (nous)
8. Il est surpris de ne pas être contre le déboisement. (vous)

Nom ______________________ Date ______________________

6B.1 The subjunctive (Part 2): will and emotion, irregular subjunctive forms (audio activities)

1 **Identifiez** Listen to each sentence and write the infinitive of the subjunctive verb you hear.

Modèle

You hear: Je veux que tu regardes la Lune ce soir.
You write: regarder

1. ______________ 4. ______________
2. ______________ 5. ______________
3. ______________ 6. ______________

2 **Conjuguez** Form a new sentence using the cue you see as the subject of the verb in the subjunctive. Repeat the correct response after the speaker. (6 *items*)

Modèle

You hear: J'aimerais que tu fasses attention.
You see: vous
You say: **J'aimerais que vous fassiez attention.**

1. la vallée 2. les enfants 3. tu 4. nous 5. vous 6. je

3 **Associez** Listen to each statement and write its number below the drawing it describes.

a. ______________ b. ______________ c. ______________

d. ______________ e. ______________ f. ______________

4 **Les conseils** Listen to Julien give advice to his sons. Then read the statements and decide whether they are **vrai** or **faux**.

	Vrai	Faux
1. Julien exige que ses fils soient prudents.	❍	❍
2. Il veut qu'ils aient froid.	❍	❍
3. Il ne recommande pas qu'ils utilisent des cartes.	❍	❍
4. Il préférerait qu'ils aient un téléphone.	❍	❍
5. Il aimerait qu'ils prennent des photos.	❍	❍

Nom ______________________ Date ______________________

6B.2 Comparatives and superlatives of nouns

1 **L'urbanisme** You have been asked to write a paper tracing the evolution of your city over the last fifty years. Here are some notes you have written when doing research in the library. Put these cues back in order to write complete sentences.

1. 1960 / a / il / habitants / qu' / y / d' / plus / en
2. autant / animaux domestiques / qu' / ont / les habitants / avant / d'
3. en / a / écureuils / le parc / qu' / plus / d' / 1960
4. moins d' / le tourisme de masse / l'écotourisme / que / avait / adeptes (*enthousiasts*)
5. arbres / sur le bord / y / il / dans le parc / des routes / que / d' / plus / a
6. voitures / vélos / la ville / plus / que / de / a / de / maintenant
7. avant / le parc / sentiers / plus / qu' / de / a
8. toujours / vaches / la ville / habitants / a / de / que / plus / d'

2 **Le stage** Djamila is about to do an internship and she has to choose between two offers. One is from a big software company, **Logiciel**, and the other is from a local environmental lobby group, **Nature**. Look at the table and use it to write six comparisons between them.

Catégories	Logiciel	Nature
1. les employés	150	20
2. les heures de travail	60	45
3. les semaines de vacances	1	2
4. les stagiaires (*trainees*)	3	3
5. l'influence sur la société	un peu	beaucoup
6. les problèmes avec l'environnement	beaucoup	beaucoup

1. ______________________
2. ______________________
3. ______________________
4. ______________________
5. ______________________
6. ______________________

Nom ______ Date ______

3 **Votre meilleur ami** Your family wants to know more about your new best friend. Compare yourself to him using the elements provided.

Modèle

Je dors six heures. Il dort 10 heures.
Il dort plus d'heures que moi.

1. J'ai beaucoup de livres. Il a beaucoup de livres aussi.
______
2. J'ai une sœur et deux frères. Il a une sœur et un frère.
______
3. Je prends dix cours ce trimestre. Il prend huit cours ce trimestre.
______
4. Je reçois vingt e-mails de mes amis chaque semaine. Il reçoit vingt e-mails de ses amis chaque semaine.
______
5. J'ai beaucoup de devoirs chaque jour. Il fait seulement ses devoirs pendant une heure par jour.
______
6. J'ai beaucoup de patience. Il a beaucoup de patience.
______
7. Je n'ai pas beaucoup d'humour. Il a beaucoup d'humour.
______
8. J'ai du temps libre. Il a du temps libre.
______

4 **La nouvelle étudiante** You have just met a new exchange student from Côte d'Ivoire, Diarietou. You have never been there but you would like to know more about her country and her background. Choose the correct word from those in parentheses to complete the comparisons in the most logical way. Make all the necessary changes.

Il y a (1) ______ (autant de / moins de / le plus de) élèves dans mon lycée que dans le tien parce que les deux lycées sont de la même taille. Néanmoins (*However*), il y a (2) ______ (moins de / plus de / le moins de) élèves étrangers ici. En Côte d'Ivoire, je n'ai rencontré qu'une fois un élève de Nice.

Pour ce qui est des cours, j'en avais sept l'année dernière, et maintenant, j'en ai six. J'ai donc (3) ______ (moins de / plus de / le moins de) travail maintenant et (4) ______ (le plus de / plus de / moins de) temps libre qu'avant.

Comme je suis nouvelle ici et que mes amis sont au pays, j'ai (5) ______ (le plus de / le moins de / moins de) amis que la plupart des élèves. Néanmoins, je suis celle qui reçoit (6) ______ (le plus de / le moins de / moins de) e-mails de mes amis: certains jours, j'en reçois dix!

Nom ______________________ Date ______________________

6B.2 Comparatives and superlatives of nouns (audio activities)

1 **Identifiez** Listen to each statement and mark an **X** in the column of the comparative or superlative you hear.

Modèle

You hear: La France a beaucoup plus de rivières que de fleuves.
You mark: an **X** under **plus de**

	moins de	plus de	autant de	le plus de	le moins de
Modèle		X			
1.					
2.					
3.					
4.					
5.					
6.					
7.					
8.					

2 **Changez** Restate each sentence you hear to say that the opposite is true. Repeat the correct response after the speaker. (*6 items*)

Modèle

Il y a plus d'écureuils en France qu'en Amérique du Nord.
Il y a moins d'écureuils en France qu'en Amérique du Nord.

3 **Choisissez** Listen to each question and choose the most logical response.

1. a. Pas bien. Il y a plus d'arbres chaque année. b. Pas bien. Il y a moins d'arbres chaque année.
2. a. Oui. J'ai moins mal et j'ai plus d'énergie. b. Oui. J'ai plus mal et j'ai moins d'énergie.
3. a. Bien. Elle a moins de ressources que de personnes. b. Bien. Elle a plus de ressources que de personnes.
4. a. Non. Nous avons aperçu plus d'animaux que d'arbres. b. Non. Nous avons aperçu plus d'arbres que d'animaux.
5. a. Bien. Ils ont moins de problèmes que nous. b. Bien. Ils ont plus de problèmes que nous.
6. a. Il y a plus d'écotourisme que de déboisement. b. Il y a moins d'écotourisme que de déboisement.

4 **Écoutez** Listen to the conversation and correct these statements.

1. Il y a moins d'animaux dans le parc.
   ____
2. Il y a autant d'endroits à explorer dans le parc.
   ____
3. Le parc a moins de touristes en cette saison.
   ____
4. Les volcans ont autant de charme.
   ____
5. Il y a plus de pierres pour sa collection dans le parc.
   ____
6. Il y a plus d'herbe dans le parc.
   ____

Nom ______________________ Date ______________________

Unité 6

PANORAMA

Savoir-faire

1 **Photos du Grand Est** Label each photo.

1. ______________ 2. ______________ 3. ______________ 4. ______________

2 **Où?** Match each description in the first column with the correct place in the second column.

_____ 1. C'est la ville où se trouve la plus vaste cathédrale de France.
_____ 2. C'est la ville où plusieurs rois de France ont été sacrés.
_____ 3. C'est la ville que Jeanne d'Arc a libérée des Anglais.
_____ 4. C'est la ville où Jeanne d'Arc a été exécutée.
_____ 5. C'est la ville qui sert de chef-lieu du Grand Est.
_____ 6. C'est une région culturelle qui a fait partie de la France et de l'Allemagne à différentes périodes de l'histoire.

a. Orléans
b. Strasbourg
c. Rouen
d. Reims
e. Alsace
f. Amiens

3 **Complétez** Complete these sentences with the correct word or expression from **Panorama**.

1. La cathédrale d'Amiens est considéré un chef-d'œuvre du style ______________________.
2. Jeanne d'Arc est née dans une famille de ______________________.
3. Jeanne d'Arc a été condamnée pour ______________________.
4. Strasbourg est le siège du Conseil de l'Europe et du ______________________.
5. ______________________ est responsable de la promotion des valeurs démocratiques et des droits de l'homme.
6. L'Alsace est un mélange de cultures grâce à sa situation entre la France et ______________________.
7. ______________________ vient d'un dialecte germanique.
8. Le mélange des cultures en Alsace est particulièrement visible à ______________________.

Nom ____________________ Date ____________________

4 **Vrai ou faux?** Indicate whether each statement is **vrai** or **faux**. Correct the false statements.

1. Albert Uderzo a gagné le prix Nobel de la paix en 1952.
2. L'imprimerie est une des industries principales dans la région Hauts-de-France.
3. La cathédrale de Reims est la plus vaste de France.
4. Jeanne d'Arc a décidé de partir au combat à l'âge de 17 ans.
5. L'Église catholique a condamné Jeanne d'Arc en 1920.
6. L'Alsace se situe dans la région Hauts-de-France, près de l'Allemagne.
7. En Alsace, la langue alsacienne est maintenant enseignée dans les écoles primaires.
8. Les Alsaciens bénéficient des lois sociales allemandes.

5 **Les géants du Nord** Complete this passage about **Les géants du Nord** with words or expressions from **Panorama.**

Les géants du Nord sont des (1) ____________ d'origine médiévale. Chacun a sa propre (2) ____________. Ils représentent des (3) ____________ historiques ou légendaires, des personnages locaux, des (4) ____________ ou des animaux. Ils font partie des fêtes et des (5) ____________ locales du Nord de la France et servent d'exemple à leur (6) ____________.

6 **Expliquez** Answer these questions in complete sentences.

1. Dans quelle partie de la France se trouvent les régions Grand Est et Hauts-de-France?
2. Pourquoi la cathédrale d'Amiens est-elle connue?
3. Quand peut-on voir les géants du Nord?
4. Pourquoi Jeanne d'Arc est-elle partie au combat?
5. Que fait le Parlement européen?
6. Quelles traditions sont visibles à Noël en Alsace?

Nom ______________________ Date ______________________

Unité 7

Leçon 7A

CONTEXTES

1 **Quelle forme d'art?** Look at these illustrations and say which art form they represent.

1. ______________________

2. ______________________

3. ______________________

4. ______________________

2 **Chassez l'intrus** Indicate the word that does not belong in each group.

1. jouer de la batterie, chanter, faire de la musique, jouer un rôle
2. un billet, une place, un membre, un spectacle
3. une sorte, un concert, un compositeur, un orchestre
4. une comédie musicale, une danseuse, un orchestre, le début
5. un personnage, une séance, un membre, un dramaturge
6. une chanson, un chœur, un compositeur, un metteur en scène
7. une troupe, une tragédie, une comédie, une pièce de théâtre
8. un réalisateur, un spectateur, un metteur en scène, un genre

3 **Les définitions** Write the word or expression that corresponds to each definition in the space provided.

1. C'est quand une pièce de théâtre ou un concert s'arrête pendant quelques minutes et que les spectateurs peuvent sortir pour une boisson ou pour bavarder. ______________________
2. C'est la personne qui écrit des pièces de théâtre. ______________________
3. C'est un groupe de personnes qui chantent. ______________________
4. C'est là où on s'assied dans un théâtre. ______________________
5. C'est une sorte de spectacle qui combine le théâtre, la danse et la musique. ______________________
6. C'est l'instrument joué par Eric Clapton et Jimi Hendrix. ______________________
7. C'est ce qu'on fait à la fin d'un concert. ______________________
8. C'est l'instrument joué par Ringo Starr et Tommy Lee. ______________________

Nom ______________________ Date ______________________

4 **Cherchez** In the grid, find the other art-related words from the list, looking backward, forward, vertically, horizontally, and diagonally.

applaudir	compositeur	~~jouer un rôle~~	pièce de théâtre
célèbre	dramaturge	metteur en scène	spectacle
chœur	entracte	orchestre	tragédie

E	Q	D	L	H	M	L	E	V	O	Z	A	E	A	E
F	N	S	R	C	S	R	F	R	P	E	P	I	T	R
E	Q	È	E	A	B	B	C	M	U	X	P	D	N	T
E	T	N	C	È	M	H	M	Q	P	R	L	É	A	Â
T	W	C	L	S	E	A	F	R	U	W	A	G	S	É
F	F	É	A	S	N	T	T	E	P	F	U	A	K	H
Q	C	W	T	R	B	E	T	U	N	Z	D	R	D	T
O	I	R	R	W	T	I	R	C	R	L	I	T	H	E
I	E	Z	P	Y	S	N	K	U	C	G	R	L	X	D
D	E	N	Z	O	G	W	E	U	E	Z	E	J	B	E
L	D	B	P	C	H	O	E	U	R	T	X	J	J	C
R	I	M	M	X	M	E	S	F	S	B	T	L	F	È
J	O	U	E	R	U	N	R	Ô	L	E	O	E	E	I
C	E	L	C	A	T	C	E	P	S	L	N	Z	M	P
D	C	B	B	H	U	V	M	B	L	B	J	U	M	P

5 **Le film** Your French penpal, Séverine, has just emailed you about the latest movie she has seen, but your computer cannot display her message accurately. Fill in the blanks with an appropriate word or expression to know exactly what she wrote to you.

Hier soir, je voulais aller à (1) ______________________ de 22h00 pour voir (*to see*) le dernier film de François Ozon. Comme il a fallu du temps pour acheter mon (2) ______________________ et trouver une (3) ______________________, j'ai manqué (4) ______________________ du film. J'ai été surprise qu'il y ait autant de (5) ______________________ à cette heure-là.

J'aime beaucoup les films de ce (6) ______________________, François Ozon. Melvil Poupaud était (7) ______________________, Romain, un jeune photographe de 30 ans. Jeanne Moreau (8) ______________________ de sa grand-mère. Je ne me souviens plus du titre de (9) ______________________ à (10) ______________________ du film, juste avant le générique (*credits*), mais elle est vraiment bien; j'adore cette sorte de musique.

Je sais que ce n'est pas (11) ______________________ de film que tu préfères, mais je suis sûre que tu vas l'aimer. Tu devrais aussi (12) ______________________ l'occasion pour voir d'autres films de lui.

Nom ______________________ Date ______________________

CONTEXTES: AUDIO ACTIVITIES

1 **Les définitions** You will hear some definitions. Write the letter of the word being defined.

1. _____	a. un réalisateur
2. _____	b. une troupe
3. _____	c. des applaudissements
4. _____	d. un musicien
5. _____	e. un spectateur
6. _____	f. un orchestre
7. _____	g. une comédie
8. _____	h. une chanteuse

2 **Associez** Circle the words that are not logically associated with each word you hear.

1. séance	chœur	opéra
2. genre	pièce de théâtre	gratuit
3. pièce de théâtre	réalisatrice	joueur de batterie
4. début	fin	place
5. dramaturge	chansons	comédie musicale
6. danseurs	compositeur	acteurs

3 **Les artistes** Listen to each statement and write its number below the illustration it describes. There are more statements than there are illustrations.

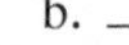

a. __________ b. __________ c. __________

Nom ____________________ Date ____________________

LES SONS ET LES LETTRES

Les liaisons obligatoires et les liaisons interdites

Rules for making liaisons are complex, and have many exceptions. Generally, a liaison is made between pronouns, and between a pronoun and a verb that begins with a vowel or vowel sound.

vous **en** avez | nous **ha**bitons | il**s ai**ment | elle**s a**rrivent

Make liaisons between articles, numbers, or the verb **est** and a noun or adjective that begins with a vowel or a vowel sound.

u**n é**léphant | le**s a**mis | di**x ho**mmes | Roger es**t en**chanté.

There is a liaison after many single-syllable adverbs, conjunctions, and prepositions.

trè**s in**téressant | che**z eu**x | quan**d e**lle | quan**d on** décidera

Many expressions have obligatory liaisons that may or may not follow these rules.

C'es**t-à**-dire... | Commen**t a**llez-vous? | plu**s ou** moins | avan**t-hi**er

Never make a liaison before or after the conjunction **et** or between a noun and a verb that follows it. Likewise, do not make a liaison between a singular noun and an adjective that follows it.

un garçon **et** une fille | Gilbert **a**dore le football. | un cours **in**téressant

There is no liaison before **h aspiré** or before the word **oui** and before numbers.

un **h**amburger | les **h**éros | un **oui** et un non | mes **onze** animaux

1 **Prononcez** Répétez les mots suivants à voix haute.

1. les héros
2. mon petit ami
3. un pays africain
4. les onze étages

2 **Articulez** Répétez les phrases suivantes à voix haute.

1. Ils en veulent onze.
2. Vous vous êtes bien amusés hier soir?
3. Christelle et Albert habitent en Angleterre.
4. Quand est-ce que Charles a acheté ces objets?

3 **Dictons** Répétez les dictons à voix haute.

1. Deux avis valent mieux qu'un.
2. Les murs ont des oreilles.

4 **Dictée** You will hear eight sentences. Each will be said twice. Listen carefully and write what you hear.

1. ____________________
2. ____________________
3. ____________________
4. ____________________
5. ____________________
6. ____________________
7. ____________________
8. ____________________

Nom ______________________ Date ______________________

Roman-photo

APRÈS LE CONCERT

Avant de regarder

1 **Qu'est-ce qui se passe?** Read the title and look at the photo. What words and expressions do you expect to hear in an episode about Sandrine's concert?

____
____
____
____
____
____
____
____

En regardant la vidéo

2 **Finissez-les** Watch as the friends talk immediately after the concert. Match the first half of each statement with its completion.

1. Moi, je trouve que la robe que tu as faite pour Sandrine ______
2. Et les costumes, ______
3. Vous avez entendu ______
4. Devenir une chanteuse célèbre, ______
5. Amina vient de nous dire que ______
6. Je n'arrive pas à croire ______
7. Sandrine, que tu es ravissante ______
8. Alors, vous avez aimé ______

a. ces applaudissements?
b. que c'était pour moi!
c. c'était sa comédie musicale préférée.
d. dans cette robe!
e. notre spectacle?
f. était le plus beau des costumes.
g. comment tu les as trouvés, Amina?
h. c'est mon rêve!

3 **Qui?** Watch as David expresses his true feelings about the show. Indicate which character says these lines. Write **D** for David, **S** for Sandrine, or **V** for Valérie.

______ 1. Tu ne lui as pas dit ça, j'espère!
______ 2. Tu en as suffisamment dit, David.
______ 3. Elle a bien joué son rôle, mais il est évident qu'elle ne sait pas chanter.
______ 4. Alors, c'était comment, la pièce de théâtre?
______ 5. Je doute qu'elle devienne une chanteuse célèbre!

Nom ______________________ Date ______________________

4 **Complétez** Watch the confrontation between David and Sandrine and complete the sentences with the missing words. Not all words will be used.

chanson	dis	heureuse	suffit
comédie	dommage	spectacle	vouloir

DAVID Eh bien, la musique, la (1) ____________, je doute que ce soit ta vocation.

SANDRINE Tu doutes? Eh bien moi, je suis certaine… certaine de ne plus jamais (2) ____________ te revoir.

DAVID Mais Sandrine, c'est pour ton bien que je (3) ____________…

SANDRINE Oh, ça (4) ____________. Toi, tu m'écoutes. Je suis vraiment (5) ____________ que tu repartes bientôt aux États-Unis. (6) ____________ que ce ne soit pas demain!

Après la vidéo

5 **Mettez-les dans l'ordre** Number these events in the order in which they occur.

_______ a. Sandrine sort du théâtre.
_______ b. Sandrine entend les commentaires de David.
_______ c. Les amis attendent Sandrine au théâtre.
_______ d. Amina admire les danseurs.
_______ e. Rachid fait des compliments à Amina.
_______ f. David parle du concert à Valérie.
_______ g. Sandrine chante dans son concert.
_______ h. Sandrine se fâche.

6 **Expliquez** What is happening in this photo? Describe the events leading up to this moment.

____
____
____
____
____

7 **À vous!** Imagine that you are giving advice to David. Do you think he handled the situation well? What do you think he should do to make up with Sandrine, or should he try to make up with her at all?

____
____
____
____
____
____

Nom ______________________ Date ______________________

Flash culture

LES ARTS

Avant de regarder

1 **Les loisirs** In this video, you're going to learn about reading and movies in France. In preparation for watching the video, make lists of film genres and types of reading materials.

cinéma	lecture
______________	______________
______________	______________
______________	______________
______________	______________
______________	______________

2 **Mes préférences** Circle all of the statements that describe you.

1. J'aime lire les romans / pièces de théâtre / poèmes / contes pour enfants.
2. Je n'aime pas lire les romans / pièces de théâtre / poèmes / contes pour enfants.
3. J'aime regarder les comédies / westerns / films policiers / films d'amour / films d'horreur / films de science-fiction.
4. Je n'aime pas regarder les comédies / westerns / films policiers / films d'amour / films d'horreur / films de science-fiction.

En regardant la vidéo

3 **Complétez** Watch as Csilla leads you through a movie theater and complete the paragraph with the words you hear her say.

anglais	film
cinéma	originale
comédie	prix
étudiants	tickets

Qu'est-ce qu'il y a au (1) ______________ aujourd'hui? Voyons… Tiens, il y a *La Cloche a sonné* avec Fabrice Luchini. C'est une (2) ______________ dramatique. Il y a aussi *The Bourne Ultimatum*. C'est un (3) ______________ américain. Il est en version (4) ______________, ça veut dire qu'il est en (5) ______________. On achète des (6) ______________ ici, au guichet. Ils ont des (7) ______________ réduits pour les (8) ______________, alors, n'oubliez pas votre carte d'étudiant.

Nom ______________________ Date ______________________

4 **Dans quel ordre?** In what order does Csilla mention these film genres?

_______ a. les films de science-fiction

_______ b. les films d'amour

_______ c. les comédies

_______ d. les films policiers

_______ e. les westerns

_______ f. les films d'horreur

Après la vidéo

5 **Répondez** Based on the films and reading materials you saw in this segment, answer these questions in French in complete sentences.

1. Quel(s) genre(s) de films aimez-vous? ______________________

____

2. Quelle(s) sorte(s) de livres ou de magazines vous intéresse(nt)? ______________________

____

3. Avez-vous vu ou lu un des films ou livres mentionnés? Le(s)quel(s)? ______________________

____

6 **Comparaisons** Many books are eventually made into movies. In French, compare a book that you have read with its film version. How do they differ? Which do you like better? Why?

____

STRUCTURES

7A.1 The subjunctive (Part 3)

1 **Le pessimiste** Your friend Marc has a very pessimistic outlook on life. He has many academic and social pressures. Plus, he is organizing a film festival. Complete each sentence with the present subjunctive or indicative form of the verbs in parentheses to find out about him.

1. Il doute que nous ______ (réussir) notre examen final.
2. Il croit que je ______ (ne pas pouvoir) partir en France l'été prochain.
3. Il ne pense pas qu'elles ______ (vouloir) venir à notre réveillon (*party*) du Nouvel An.
4. Pour Marc, il est douteux que les professeurs ______ (aller) au festival du film français que nous organisons.
5. Pour lui, il est évident que nous ______ (aller) avoir des difficultés.
6. Marc doute que les spectateurs ______ (venir) nombreux.
7. Pour Marc, il est sûr que le festival ______ (être) un désastre.
8. Il n'est pas certain que les élèves ______ (savoir) que le festival existe.

2 **Le festival** You have just come out of a movie at the film festival Marc organized. You are listening to what people have to say about it. Use these cues to write complete sentences using the subjunctive or indicative and find out everybody's opinion.

1. je / douter / ce film / réussir ici
______
2. nous / croire / ce / être / le meilleur film / de l'année
______
3. il / être certain / les acteurs / être / des professionnels
______
4. il / ne pas être vrai / le personnage principal / pouvoir / être sympathique
______
5. elle / ne pas penser / beaucoup de spectateurs / aller voir / le film
______
6. vous / savoir / le réalisateur / vouloir / faire une tournée de promotion ici
______
7. il / ne pas être sûr / le traducteur / savoir / comment traduire / tous les mots d'argot (*slang*)
______
8. il / être douteux / ce film / ne pas pouvoir / gagner un Oscar
______

Nom ______________________ Date ______________________

3

Le Nouvel An Many of your friends are making resolutions and wishes for the New Year. Write complete sentences using the cues provided and the subjunctive or the future tense to find out everyone's opinion.

Modèle

Nadja souhaite pouvoir aller en vacances à la Martinique. (Martin / croire)
Martin croit que Nadja pourra aller en vacances à la Martinique.

1. Je souhaite aller en Côte d'Ivoire pendant un semestre. (il / ne pas être sûr)
 ____
2. Malika souhaite partir au Maroc. (il / être évident)
 ____
3. Nous souhaitons savoir parler couramment français en juin. (Tarik / douter)
 ____
4. Vous voulez faire un régime. (je / ne pas penser)
 ____
5. Ils veulent pouvoir travailler à Montréal pendant l'été. (tu / ne pas penser)
 ____
6. Tu souhaites avoir un nouveau camarade de chambre. (il / être douteux)
 ____
7. Stéphanie et Martine souhaitent venir aux soirées de la Maison française. (il / ne pas être vrai)
 ____
8. Martin veut acheter un nouvel ordinateur. (il / être sûr)
 ____

4

Le concours Your younger sister wants to be a singer and she is eager to participate in a local contest. Complete this paragraph with the most appropriate verbs from the list. There may be more than one possibility.

aller	être	finir	pouvoir	venir
avoir	faire	gagner	savoir	vouloir

Ma sœur veut être chanteuse. Je sais que c'(1) ______________ difficile et qu'il faut qu'elle (2) ______________ de la chance.

Elle souhaite que nous (3) ______________ à un concours pour jeunes talents. Je doute qu'elle (4) ______________ vraiment combien de personnes vont venir, mais je pense qu'elle (5) ______________ y aller quand même (*anyway*). Il est sûr que certaines personnes (6) ______________ gagner ce concours facilement et qu'elles (7) ______________ tout pour gagner.

Il n'est pas certain que ma petite sœur (8) ______________ rivaliser (*compete*) avec elles. Je ne crois pas qu'elle (9) ______________ parmi les finalistes, mais il est vrai qu'elle (10) ______________ juste d'avoir la grippe. Enfin, on verra bien. Que le meilleur gagne!

Nom ______________________ Date ______________________

7A.1 The subjunctive (Part 3): verbs of doubt, disbelief, and uncertainty (audio activities)

1 **Identifiez** Listen to each statement in the subjunctive and mark an X in the column of the verb you hear.

Modèle

You hear: Il est impossible qu'ils aillent au théâtre ce soir.
You mark: an **X** under **aller**

	aller	pouvoir	savoir	vouloir
Modèle	X	______	______	______
1.	______	______	______	______
2.	______	______	______	______
3.	______	______	______	______
4.	______	______	______	______
5.	______	______	______	______
6.	______	______	______	______
7.	______	______	______	______
8.	______	______	______	______

2 **Le critique de film** Listen to the movie critic and fill in the blanks with the correct verb.

Je doute que beaucoup de spectateurs (1) ______________ voir «Merci pour les croissants». Je ne pense pas que le réalisateur (2) ______________ faire des films. Il est impossible que des spectateurs (3) ______________ s'intéresser à un personnage principal aussi ennuyeux. Il n'est pas sûr que l'acteur lui-même (4) ______________ compris toute l'histoire, mais je suis sûr qu'il ne (5) ______________ plus jamais retravailler pour ce réalisateur! Je pense que ce film est loin, très loin d'(6) ______________ une réussite!

3 **Transformez** Change each sentence you hear to the subjunctive using the expressions you see. Repeat the correct response after the speaker.

Modèle

You hear: Il peut présenter le metteur en scène ce soir.
You see: Il n'est pas certain que...
You say: **Il n'est pas certain qu'il puisse présenter le metteur en scène ce soir.**

1. Il est impossible que...
2. Mes amis ne pensent pas que...
3. Il n'est pas vrai que...
4. Je ne suis pas sûr que...
5. Le metteur en scène doute que...
6. Il n'est pas certain que...

4 **Choisissez** Listen to each sentence and decide whether the second verb is in the indicative or in the subjunctive.

1. a. indicatif b. subjonctif
2. a. indicatif b. subjonctif
3. a. indicatif b. subjonctif
4. a. indicatif b. subjonctif
5. a. indicatif b. subjonctif
6. a. indicatif b. subjonctif
7. a. indicatif b. subjonctif
8. a. indicatif b. subjonctif

Nom ______________________ Date ______________________

7A.2 Possessive pronouns

1 **Reformulez** Circle the words that make these sentences sound repetitive. Then write the possessive pronoun that could replace the word you circled.

Modèle

Vous avez passé votre examen et j'ai passé (mon examen) aussi. le mien

1. Notre piano est petit, mais leur piano est assez grand. ______________
2. Mes amis vont de temps en temps au théâtre, et tes amis? ______________
3. J'ai réussi à retrouver mes lunettes, mais où sont vos lunettes? ______________
4. Votre professeur de danse est très sévère, mais notre professeur est sympa. ______________
5. Ta pièce est médiocre; ma pièce est superbe. ______________
6. J'ai apporté mon violon, mais il a laissé son violon chez lui. ______________
7. Mes voisins sont très sociables. Et tes voisins, ils sont sociables, aussi? ______________
8. Nous avons nos clés, mais eux, ils ont oublié leurs clés. ______________
9. Votre classe de français ne sort jamais, mais notre classe de français va de temps en temps au cinéma. ______________
10. Je n'aime pas mon dentiste. Est-ce que vous aimez votre dentiste? ______________

2 **De quoi parle-t-on?** Decide which thing is being talked about according to the possessive pronoun used. Use each answer only once.

a. 

b.

c. 

d. 

e.  

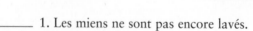

f. 

_______ 1. Les miens ne sont pas encore lavés.
_______ 2. La vôtre est petite!
_______ 3. La leur est rue Charlot.
_______ 4. Les tiennes sont trop bonnes, maman!
_______ 5. Les nôtres sont en vacances en ce moment.
_______ 6. Le sien est encore jeune.

3 **Répétitions** Choose the correct possessive pronoun needed in the second sentence to rephrase the first sentence.

Modèle

Ce sac est à mon copain Lionel. C'est (la sienne / le sien).

1. Cette peinture est à mes parents. C'est (la leur / la sienne).
2. Ces livres sont à toi. Ce sont (les tiens / les tiennes).
3. Cette guitare est à vous, Madame Bonnefoy? C'est (la nôtre / la vôtre)?
4. Ces croissants sont à moi! Ce sont (les miens / les miennes).
5. Ce colis est à nous. C'est (la nôtre / le nôtre).
6. Ces gants sont à Monsieur Lepage. Ce sont (les siens / la sienne).

4 **Des remplaçants** For each sentence on the left, select an appropriate replacement for the underlined words from the column on the right.

_______ 1. Nous devons parler <u>à tes parents</u>, Mathilde!

_______ 2. On pourrait demander <u>à mon colocataire</u> s'il veut venir avec nous.

_______ 3. Vous parlez <u>des petits-enfants</u> de Madame Bertrand?

_______ 4. Ma petite sœur va s'occuper <u>de ton chien</u> pendant que tu es en vacances.

_______ 5. On a besoin <u>de leur voiture</u> pour aller à la gare.

_______ 6. Je pense souvent <u>à vos parents</u> quand je suis à Lyon.

a. du tien
b. aux vôtres
c. de la leur
d. au mien
e. aux tiens
f. des siens

5 **En d'autres termes** Rewrite the following sentences using possessive pronouns.

Modèle

C'est mon parapluie, pas ton parapluie.
C'est le mien, pas le tien.

1. Ce sont mes chaussettes ou les chaussettes de Suzanne?
____
2. Ce ne sont pas les tickets des étudiants, ce sont nos tickets.
____
3. C'est ta montre?
____
4. Ce n'est pas ta place, c'est la place de Sébastien.
____
5. C'est mon portable ou votre portable?
____
6. Ce sont vos films préférés.
____

Nom ______________________ Date ______________________

7A.2 Possessive pronouns (audio activities)

1 **Identifiez** You will hear sentences with possessive pronouns. Decide which thing the possessive pronoun in each sentence is referring to.

1. a. mon portable — b. ma calculatrice
2. a. notre maison — b. nos voitures
3. a. ton sac à dos — b. tes lunettes de soleil
4. a. leur fils — b. leur fille
5. a. vos parents — b. votre mère
6. a. leur ordinateur — b. leur télévision

2 **Complétez** Listen to Faïza talk about her social life. You will hear beeps where the possessive pronouns should be. Write the missing possessive pronouns.

Vous avez un cercle d'amis? Eh bien, (1) ____________ est très grand! Qu'est-ce que vos amis et vous aimez faire pour vous amuser? (2) ____________ vont souvent en ville. On se promène, on prend des repas pas trop chers au petit bistro du coin, on regarde un film ou un spectacle si on a un peu d'argent... La mère de Juliette n'aime pas qu'on rentre après 23h00, mais (3) ____________ me permet de rentrer assez tard si je suis avec des amis qu'elle connaît. Le père de Slimane est très stricte et il ne sort pas souvent avec nous parce qu'il doit souvent travailler à la maison. Mais Stéphane sort tous les soirs parce que (4) ____________ n'est pas stricte du tout! Vos amies, quand elles sortent entre elles, sans les garçons, est-ce qu'elles aiment aller au café pour bavarder pendant longtemps? C'est le cas pour (5) ____________. Maintenant que vous connaissez un peu plus mon cercle d'amis, j'aimerais bien connaître (6) ____________.

3 **Modifiez** You will hear a series of sentences. Rewrite them, replacing the possessive adjective and noun with a possessive pronoun.

Modèle

You hear: C'est ma guitare.
You write: C'est la mienne.

1. ____________
2. ____________
3. ____________
4. ____________
5. ____________
6. ____________

4 **Transformez** You will hear sentences that sound a little repetitive. Improve each sentence by changing the second possessive adjective and noun into a possessive pronoun. Repeat the correct answer after the speaker. (*6 items*)

Modèle

Tu as ton appareil photo et j'ai mon appareil photo aussi.
Tu as ton appareil photo et j'ai le mien aussi.

Nom ______________________ Date ______________________

Unité 7

Leçon 7B

CONTEXTES

1 **Quel genre de film?** Label the type of movie shown on each screen.

1. ______________________

2. ______________________

3. ______________________

4. ______________________

2 **Quelle émission?** Write each item on the list under the type of program where you would most likely hear them.

les beaux-arts	une exposition	la météo
un chef-d'œuvre	un feuilleton	les nouvelles
un dessin animé	les infos	une œuvre
un documentaire	un jeu télévisé	les variétés

une émission d'informations	une émission de divertissement	une émission culturelle

Nom ______________________ Date ______________________

3 **Chassez l'intrus** Circle the word that does not belong in each group.

1. un conte, un magazine, une histoire, une peinture
2. un peintre, une publicité, une poétesse, un sculpteur
3. à la télévision, une œuvre, une émission, un programme
4. faire les musées, les beaux-arts, un tableau, un conte
5. publier, littéraire, un peintre, une femme écrivain
6. un roman, une œuvre, une peinture, un jeu télévisé
7. un feuilleton, un drame psychologique, les nouvelles, un film policier
8. un tableau, une histoire, une sculpture, une peinture

4 **Anagrammes** Unscramble these words using the clues provided.

1. TUICÉPIBL ______________________
   (C'est une vidéo très courte qui nous présente des produits à acheter.)
2. TSAFROINNOIM ______________________
   (C'est une émission qui nous présente ce qui se passe dans notre pays et dans le monde.)
3. MEURTODINACE ______________________
   (C'est une émission qui traite de (*be about*) la nature, de l'histoire ou de la géographie, par exemple.)
4. TRAITUG ______________________
   (C'est quand il n'est pas nécessaire de payer.)
5. EPSOSTEÉ ______________________
   (C'est une femme qui écrit des vers.)
6. EPSOSITINOX ______________________
   (Elles sont permanentes ou temporaires dans les musées.)
7. DUFOVERHECE ______________________
   (C'est une œuvre d'art exceptionnelle.)
8. NEFLOTEUIL ______________________
   (C'est une histoire en plusieurs épisodes.)

5 **La sortie** Complete this conversation about two friends' plans with the most appropriate word or expression.

SOLANGE Je me demande ce qu'on peut faire ce week-end. J'aimerais bien (1) ______________________, mais je ne sais pas quelles expositions il y a en ce moment.

FATIMA J'ai acheté (2) ______________________ hier et j'ai lu (3) ______________________ sur une exposition spéciale au musée Rodin.

SOLANGE C'est une bonne idée, je préfère (4) ______________________ à la peinture et je n'ai jamais vu *le Penseur*.

FATIMA En plus, comme c'est le premier dimanche du mois, c'est (5) ______________________. C'est idéal pour moi parce que j'ai dépensé beaucoup d'argent la semaine dernière.

SOLANGE Qu'est-ce qu'on pourrait bien faire après?

FATIMA J'ai le programme du câble ici. Il y a (6) ______________________ intéressant, *La marche des pingouins*. Ça commence à 9h00, juste après (7) ______________________.

SOLANGE Il n'y a rien d'autres?

FATIMA Si, il y a (8) ______________________ sur plusieurs chaînes, mais ce n'est pas très intéressant puisque nous n'avons pas vu les épisodes précédents.

SOLANGE D'accord. C'est décidé: le musée Rodin et *La marche des pingouins!*

Nom _______________ Date _______________

CONTEXTES: AUDIO ACTIVITIES

1 **Logique ou illogique?** Listen to these statements and indicate whether they are **logique** or **illogique**.

	Logique	Illogique		Logique	Illogique
1.	❍	❍	5.	❍	❍
2.	❍	❍	6.	❍	❍
3.	❍	❍	7.	❍	❍
4.	❍	❍	8.	❍	❍

2 **Décrivez** For each drawing, you will hear two statements. Choose the one that corresponds to the drawing.

1. a. b.

2. a. b.

3. a. b.

3 **Le programme** Listen to this announcement about tonight's TV program. Then, answer the questions.

1. À quelle heure on peut voir les infos?
____
2. Comment s'appelle le jeu télévisé?
____
3. Quelle est l'histoire du drame psychologique?
____
4. Qu'est-ce que «Des vies et des couleurs»?
____
5. Qui est l'invité du magazine?
____
6. Est-ce qu'Éric Bernier n'est que chanteur?
____

Nom ______________________ Date ______________________

LES SONS ET LES LETTRES

Les abréviations

French speakers use many acronyms. This is especially true in newspapers, televised news programs, and in political discussions. Many stand for official organizations or large companies.

EDF = Électricité de France **ONU** = Organisation des Nations Unies

People often use acronyms when referring to geographical place names and transportation.

É-U = États-Unis **RF** = République Française

RN = Route Nationale **TGV** = Train à Grande Vitesse

Many are simply shortened versions of common expressions or compound words.

SVP = S'il Vous Plaît **RV** = Rendez-Vous **RDC** = Rez-De-Chaussée

When speaking, some acronyms are spelled out, while others are pronounced like any other word.

CEDEX = Courrier d'Entreprise à Distribution Exceptionnelle *(an overnight delivery service)*

1 **Prononcez** Répétez les abréviations suivantes à voix haute.

1. W-C = Water-Closet
2. HS = Hors Service (*out of order*)
3. VF = Version Française
4. CV = Curriculum Vitæ
5. TVA = Taxe à la Valeur Ajoutée (*added*)
6. DELF = Diplôme d'Études en Langue Française
7. RATP = Régie Autonome (*independent administration*) des Transports Parisiens
8. SMIC = Salaire Minimum Interprofessionnel de Croissance *(growth)*

2 **Assortissez-les** Répétez les abréviations à voix haute. Que représentent-elles?

____ 1. ECP
____ 2. GDF
____ 3. BD
____ 4. TTC
____ 5. PDG
____ 6. OVNI

a. objet volant non identifié
b. toutes taxes comprises
c. président-directeur général
d. école centrale de Paris
e. gaz de France
f. bande dessinée

3 **Expressions** Répétez les expressions à voix haute.

1. RSVP (Répondez, S'il Vous Plaît).
2. Elle est BCBG (Bon Chic, Bon Genre).

4 **Dictée** You will hear eight sentences. Each will be said twice. Listen carefully and write what you hear.

1. ______________________
2. ______________________
3. ______________________
4. ______________________
5. ______________________
6. ______________________
7. ______________________
8. ______________________

Nom ______________________ Date ______________________

Roman-photo

AU REVOIR, DAVID!

Avant de regarder

1 **Qu'est-ce qui se passe?** In this video module, David is preparing to return home to the United States. What words and expressions do you expect to hear?

____

____

____

____

____

En regardant la vidéo

2 **Finissez-les** Sandrine and Stéphane have both made some realizations and changes, thanks to their family and friends. Watch the first two scenes and match the first half of these sentences with their completions according to what you hear.

1. J'ai beaucoup réfléchi à ______
2. Ce que j'aime, non, ce que j'adore, ______
3. J'ai entendu dire que tu devais ______
4. Un jour vous vous disputez, vous vous détestez, ______
5. Oui, je t'assure, les documentaires et les infos ______
6. David ne peut pas partir ______
7. Je dois absolument ______
8. J'était tellement en colère ce jour-là, mais depuis ______

a. sans que je lui dise au revoir!
b. réussir cette fois-ci.
c. j'ai beaucoup réfléchi à ce qu'il m'a dit.
d. ce qu'il m'a dit.
e. sont mes nouvelles passions.
f. c'est cuisiner!
g. et quelques jours après vous vous réconciliez.
h. repasser une partie du bac.

3 **Qui?** Watch the party scene and indicate which character says these lines. Write **A** for Amina, **As** for Astrid, **D** for David, **R** for Rachid, **S** for Sandrine, **St** for Stéphane, or **V** for Valérie.

______ 1. Cet été, Amina participe à un défilé de mode à Paris.

______ 2. Oui, félicitations!

______ 3. Toi aussi, tu as de bonnes nouvelles, n'est-ce pas?

______ 4. Elle est jolie ta jupe Amina. C'est une de tes créations, n'est-ce pas?

______ 5. Alors, David, comment s'est passée ton année à Aix-en-Provence?

______ 6. Vas-y, dis-nous tout, avant que je ne perde patience!

______ 7. Oh, ce n'est pas grand-chose.

______ 8. Oh ça a été fantastique!

Après la vidéo

4 **Vrai ou faux?** Indicate whether these statements are **vrai** or **faux**.

	Vrai	Faux
1. David repart aux États-Unis dans deux jours.	❍	❍
2. La vraie passion de Sandrine, c'est la musique.	❍	❍
3. Rachid a reçu son diplôme avec mention bien.	❍	❍
4. Amina va participer à un défilé de mode à Paris.	❍	❍
5. David a l'intention de revenir en France l'année prochaine.	❍	❍

5 **Expliquez** Look at these photos. How has Sandrine changed? Explain the change of heart she has had in the second photo.

____

____

____

____

____

____

6 **À vous!** Choose three of the main characters in this video and make predictions for them. What will they do in the future? What do you think will become of them?

1. nom du personnage ______________________________

   ____

   ____

   ____

2. nom du personnage ______________________________

   ____

   ____

   ____

3. nom du personnage ______________________________

   ____

   ____

   ____

Nom ______________________ Date ______________________

STRUCTURES

7B.1 The subjunctive (Part 4)

1 **Les conditions** Denise would like to organize a night out with some of her friends but they all seem to have some issue with the plans. Put the verbs in parentheses in the subjunctive or the infinitive to know under which conditions they will come.

1. Salim viendra avec moi à condition que je le ______________ (conduire) jusqu'au rendez-vous.
2. Pavel veut travailler un peu avant de ______________ (venir).
3. Djamila ne viendra pas à moins que nous ______________ (inviter) aussi sa meilleure amie.
4. Stéphanie va d'abord aller à la bibliothèque pour ______________ (étudier).
5. Véronique veut que nous commencions la soirée plus tard pour qu'elle ______________ (ne pas être) trop en retard.
6. Nicolas pense apporter quelque chose à manger pour que nous ______________ (ne pas avoir) faim.
7. Florent veut pouvoir venir plus tard sans que Maryse ______________ (faire) de commentaires.
8. Daniel veut partir avant qu'il ______________ (être) trop tard.

2 **Les critiques** You are reading some movie reviews. Choose the best conjunction for these sentences from the options given.

1. Je ne reverrais pas ce film ______________ (avant qu' / pour qu' / à moins qu') on me paie.
2. C'est le film idéal ______________ (avant / à condition que / pour) faire plaisir aux enfants.
3. Je recommande ce film ______________ (pour que / à condition que / à moins que) vous parliez couramment anglais.
4. Lisez le roman ______________ (pour que / avant de / avant que) voir le film, vous ne serez pas déçu.
5. Je ne raconterai pas la fin du film ______________ (jusqu'à ce que / sans que / pour que) vous soyez pleinement surpris.
6. Allez voir ce film ______________ (pour / sans / avant de) attendre.
7. Le film est un peu lent ______________ (jusqu'à ce que / à condition que / pour que) le personnage principal fasse une chose incroyable.
8. Il faut absolument aller voir ce film ______________ (pour qu' / avant qu' / sans qu') il ne soit plus à l'affiche (*on the bill*).

Nom ______________________ Date ______________________

3 **L'appartement** Yann would like to move into a new apartment, but he first has to go through an interview with the people he will be living with. Answer these questions, using the cues provided. Make all the necessary changes and agreements.

1. Allez-vous payer le loyer à temps? (oui / à condition / vous / accepter / les chèques)
   ____
2. Avez-vous besoin d'une place de parking? (non / à moins / elle / être / gratuit)
   ____
3. Utilisez-vous Internet? (oui / pour / étudier)
   ____
4. Quand voulez-vous emménager? (avant / mon propriétaire / faire / des travaux)
   ____
5. Est-ce que vous prenez votre douche le matin? (oui / avant / prendre mon petit-déjeuner)
   ____
6. Est-ce que vous cuisinez souvent? (tous les jours / à moins / je / avoir trop de travail)
   ____
7. Jusqu'à quand pensez-vous rester? (jusqu'à / je / obtenir / mon diplôme)
   ____
8. De combien de clés avez-vous besoin? (deux / pour / mes parents / pouvoir / en avoir une / en cas d'urgence)
   ____

4 **Samedi** Alexandra and Anatole are planning what they are going to do this coming Saturday. Fill in the blanks with the most appropriate verb from this list. Make all the necessary changes and agreements. Note that not all the verbs will be used.

avoir	être	parler	passer	pouvoir	savoir
connaître	finir	partir	payer	prendre	trouver

ALEXANDRA Je peux aller au cinéma samedi après-midi, à condition que tu (1) ______________ me chercher chez moi après le déjeuner.

ANATOLE Pas de problème. Je serai là-bas avant, à moins qu'il n'y (2) ______________ des embouteillages (*traffic jams*). Est-ce que tu sais où il y a un parking à proximité du cinéma?

ALEXANDRA Je pense que tu peux te garer au parking Ferry sans (3) ______________ si on arrive tôt. Autrement, on peut rouler dans le quartier jusqu'à ce que nous (4) ______________ une place gratuite.

ANATOLE Est-ce que tu peux apporter un plan du quartier pour que je (5) ______________ exactement où aller? Il y a tellement de sens uniques (*one-way streets*)! À moins que tu ne (6) ______________ bien le quartier.

ALEXANDRA Pas vraiment. Avant de (7) ______________ de chez toi, est-ce que tu peux vérifier les horaires (*schedule*)?

ANATOLE Bien sûr. Je voudrais amener un ami. Je voulais te prévenir (*tell*) parce que je n'aime pas inviter des gens sans t'en (8) ______________ avant.

ALEXANDRA Pas de problème. Sans que cela (9) ______________ indiscret, je peux te demander qui c'est?

ANATOLE C'est mon cousin. Il vient d'arriver du Cameroun. Je ne veux pas le laisser seul jusqu'à ce qu'il (10) ______________ se débrouiller (*to get by*) tout seul en ville.

Nom ______________________________ Date ______________________________

7B.1 The subjunctive (Part 4): the subjunctive with conjunctions (audio activities)

1 **Identifiez** Listen to each statement and mark an **X** in the column of the conjunction you hear.

Modèle

You hear: Nous n'y arriverons pas sans que vous fassiez un effort.
You mark: an **X** under **sans que**

	sans que	**sans**	**avant que**	**avant de**	**pour que**	**pour**
Modèle	X					
1.						
2.						
3.						
4.						
5.						
6.						
7.						
8.						

2 **Finissez** You will hear incomplete sentences. Choose the correct ending for each sentence.

1. a. jusqu'à ce qu'il trouve son style. b. avant qu'il regarde un jeu télévisé.
2. a. à condition que les enfants ne soient pas là. b. à moins que nous regarderons la télé.
3. a. avant que le conte finisse mal. b. à moins que tu sois toujours malade.
4. a. pour que les critiques en parlent. b. à moins qu'il y ait un temps catastrophique à annoncer
5. a. avant qu'elle m'explique la vie de son auteur. b. à condition que le magazine fasse un article.
6. a. pour que l'histoire soit populaire. b. à condition qu'il finisse bien.

3 **Conjuguez** Form a new sentence using the cue you hear as the subject of the first verb. Repeat the correct response after the speaker. (*6 items*)

Modèle

Tu ne partiras pas sans finir ton assiette. (nous)
Nous ne partirons pas sans que tu finisses ton assiette.

4 **Décrivez** Listen to each statement and write its number below the drawing it describes. There are more statements than there are drawings.

a. ______________

b. ______________

c. ______________

d. ______________

Nom ______________________ Date ______________________

7B.2 Review of the subjunctive

1 **Le séjour** Your friend Élisabeth is planning to spend some time in France. Combine elements from column A with elements from column B to know exactly what she is thinking.

A

1. Comme mon français n'est pas très bon, j'ai peur ________
2. Je vais visiter les principaux monuments, à moins ________
3. Mon français va s'améliorer, à condition ________
4. Je compte faire les magasins pour ________
5. Je veux aller au Maroc aussi, mais je doute ________
6. Ma meilleure amie va rester ici. Je suis triste ________
7. Comme je veux goûter aux spécialités locales, il est nécessaire ________
8. Avant de revenir, il est essentiel ________

B

a. que je voyage dans différentes régions de France.
b. que je fasse un effort pour parler uniquement en français.
c. que mon séjour soit assez long pour ça.
d. de ne pas pouvoir communiquer facilement.
e. que j'achète des cadeaux pour tout le monde chez moi.
f. qu'ils soient fermés.
g. qu'elle ne puisse pas venir avec moi.
h. acheter de nouveaux vêtements.

2 **Le dernier jour** This is the last day of class. You are gathered with your friends and you are reflecting on what people might be doing in the future. Conjugate the verb in parentheses in the future or the subjunctive to express your thoughts.

1. Hélène veut travailler dans le cinéma. Je ne doute pas qu'elle ______________ (réussir).
2. Patrice adore le français. Il est possible qu'il ______________ (habiter) à la Guadeloupe.
3. Farida est partie au Sénégal. Je crois qu'elle ______________ (être) médecin là-bas.
4. Axelle aime beaucoup cuisiner, mais je ne pense pas qu'elle ______________ (vouloir) ouvrir son propre restaurant.
5. Hakim adore la sculpture. Je souhaite qu'il ______________ (faire) bientôt des expositions de ses propres œuvres.
6. Josie ne sait pas quoi faire après ses études. Je pense qu'il est important qu'elle ______________ (prendre) une décision rapidement.
7. Chuyen compte devenir chanteuse. Je pense qu'elle ______________ (pouvoir) le faire.
8. Alexandre veut voyager pendant un an. Je sais qu'il ______________ (aller) à Tahiti en premier.

Nom ______________________ Date ______________________

3 **Les beaux-arts** The local art school is opening its doors for the weekend. You and some friends are looking at the students' work. Write complete sentences using the cues provided to find out what everybody said. Make all the necessary changes and agreements.

1. je / penser / l'École des beaux-arts / être / très sélectif

 ____

2. nous / ne pas croire / les étudiants / pouvoir / vendre leurs œuvres

 ____

3. il / être nécessaire / les étudiants / savoir / bien dessiner

 ____

4. elle / vouloir / elle / prendre / des cours de sculpture

 ____

5. il / être possible / nous / aller / à la réception / ce soir

 ____

6. vous / croire / les visiteurs / vouloir / connaître le sculpteur / ?

 ____

7. tu / vouloir / l'artiste / savoir / tu / adorer / ses tableaux

 ____

8. il / être essentiel / je / faire la connaissance / de cette artiste

 ____

4 **La conseillère** A student is applying for an internship abroad, but she is afraid she has made some mistakes with her application. She is meeting with an advisor to get help. Choose the best option to fill in the blank. Conjugate the verbs in the indicative present or the subjunctive.

à moins que	croire	être essentiel que	ne pas croire que	prendre
avoir peur de	être	finir	préférer	savoir

L'ÉTUDIANTE Il faut que je/j' (1) ______________ de remplir le formulaire pour mon stage.

LA CONSEILLÈRE Bien sûr. Tout d'abord, il est essentiel que vous (2) ______________ que votre dossier (*file*) doit être terminé demain.

L'ÉTUDIANTE Je ne pense pas que ce (3) ______________ un problème, mais est-ce que vous (4) ______________ que vous pourriez le vérifier? Je/J' (5) ______________ avoir fait des erreurs.

LA CONSEILLÈRE Pas de problème. D'après ce que je vois, votre demande (*request*) ne peut pas être acceptée, (6) ______________ vous ne sachiez parler couramment français. De plus, il (7) ______________ vous puissiez rester pendant trois mois.

L'ÉTUDIANTE Je sais, mais je/j' (8) ______________ ce soit un problème car j'ai un bon niveau de français.

LA CONSEILLÈRE Alors, je propose que vous (9) ______________ une boisson pendant que je vérifie votre dossier.

L'ÉTUDIANTE Je/J' (10) ______________ attendre ici si cela ne vous dérange (*disturb*) pas.

Nom Date

7B.2 Review of the subjunctive (audio activities)

1 Choisissez Listen to each sentence and decide whether you hear a verb in the subjunctive.

	Subjonctif	Pas de subjonctif		Subjonctif	Pas de subjonctif
1.	❍	❍	5.	❍	❍
2.	❍	❍	6.	❍	❍
3.	❍	❍	7.	❍	❍
4.	❍	❍	8.	❍	❍

2 Complétez You will hear sentences with a beep in place of a verb. Decide which verb should complete each sentence and circle it. Repeat the correct response after the speaker.

Modèle

You hear: Cette artiste sera douée à condition que vous lui *(beep)* des conseils.
You see: donnez donniez
You circle: **donniez**

1. apprennent apprendront
2. sont soient
3. arrêtez arrêtiez
4. lisions lire
5. soit est
6. devenir devienne
7. aiment aime
8. invitions invitons

3 Transformez Change each sentence you hear to the subjunctive using the expressions you see. Repeat the correct response after the speaker.

Modèle

You hear: Elle vend beaucoup de tableaux.
You see: Je doute que...
You say: **Je doute qu'elle vende beaucoup de tableaux.**

1. Il n'est pas essentiel que...
2. Monsieur Bétan ne croit pas que...
3. On essaiera de voir la pièce à moins que...
4. Il est dommage que...
5. Est-ce que tu es triste...
6. Il vaut mieux que...

4 Le professionnel Listen to the trainer's advice. Then, number the drawings in the correct order.

a. ________

b. ________

c. ________

d. ________

e. ________

Nom ______________________ Date ______________________

Unité 7

PANORAMA

Savoir-faire

1 **La carte** Label each DROM.

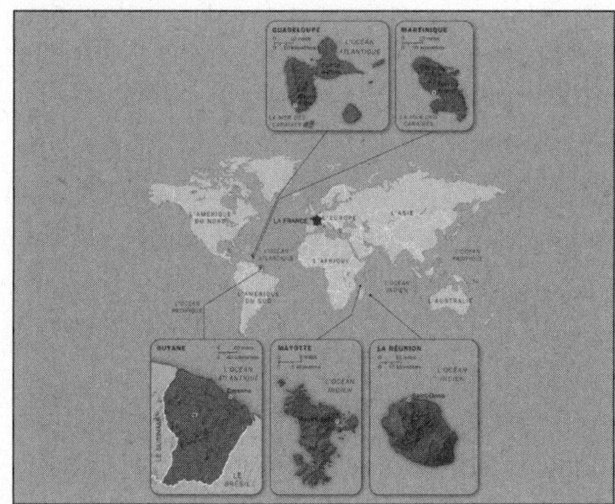

1. ______________
2. ______________
3. ______________
4. ______________
5. ______________

2 **Où?** Indicate which **DROM** is associated with each statement.

_____ 1. Sa superficie est de 376 km^2.
_____ 2. L'industrie spatiale y est importante.
_____ 3. Sa capitale est Fort-de-France.
_____ 4. Le maloya y fait partie du patrimoine vivant.
_____ 5. C'est un pôle d'exploration et de recherches scientifiques.
_____ 6. C'est le lieu de naissance du poète Aimé Césaire.
_____ 7. C'est le lieu de naissance de l'écrivaine Maryse Condé.
_____ 8. Son lagon est connu pour sa richesse exceptionnelle.

a. la Martinique
b. la Guadeloupe
c. la Guyane
d. Mayotte
e. La Réunion

3 **Remplissez** Fill in the missing information according to what you read in **Panorama**.

1. ______________ est un chanteur guadeloupéen.
2. Avant l'éruption de la montagne Pelée, ______________ était le port le plus actif des Antilles et la capitale de la Martinique.
3. Au début, le maloya consistait en un ______________ entre un soliste et un chœur accompagné d'instruments à percussions.
4. On chant et danse le maloya pendant les ______________ culturelles, sociales et politiques de La Réunion.
5. Il faut préserver les écosystèmes de Mayotte tout en encourageant ______________.
6. ______________ de Mayotte a été créé en 2010.
7. Le Centre Spatial Guyanais est la base de lancement des fusées ______________.
8. ______________ est liée à celle de l'Europe et de l'Afrique.

4 **Vrai ou faux?** Indicate whether each statement is **vrai** or **faux**. Correct the false statements.

1. La Martinique se trouve dans l'océan Indien, à l'est de Madagascar.
____
2. Certains historiens doutent de l'authenticité de l'histoire d'un homme qui dit que la prison l'a protégé de l'éruption de la montagne Pelée.
____
3. Le maloya a été créé par des esclaves afro-malgaches.
____
4. Le maloya est à la fois une forme de musique, une langue et un style de vêtements.
____
5. À Paracou, on étudie l'effet du changement climatique sur le fonctionnement des télescopes.
____
6. L'Institut Pasteur de Guyane est la base de lancement des fusées Ariane.
____
7. L'Institut Pasteur se spécialise dans la recherche sur les maladies endémiques dans les régions tropicales.
____
8. Maryse Condé écrit des essais sur l'histoire de la Guadeloupe.
____

5 **Le mot mystère** Fill in the boxes with the correct information from **Panorama** to find out the mystery word.

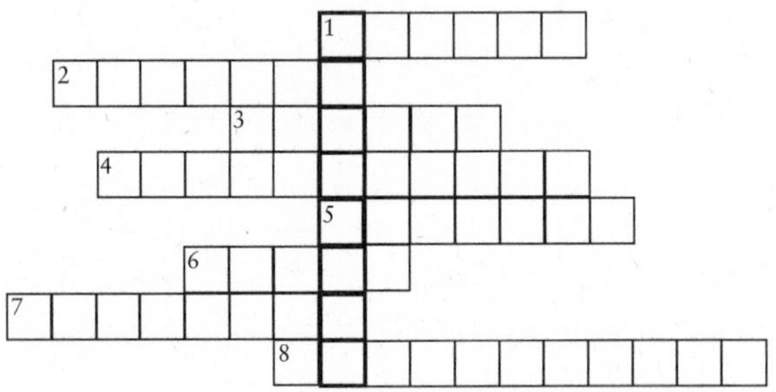

1. C'est le nom de famille d'un scientifique et botaniste de La Réunion.
2. Maryse Condé a vécu huit ans ici.
3. Dans le lagon de Mayotte il y a une double barrière de ça.
4. Ils sont appréciés des plongeurs à Mayotte, mais ils sont fragiles.
5. C'est la capitale de la Guyane.
6. C'est l'une des industries principales de la Guadeloupe.
7. C'est le nom de l'institution où Maryse Condé a étudié.
8. Ce sont les endroits où les esclaves afro-malgaches ont créé le maloya.

Mot mystère: C'est le nom du télescope lancé depuis le Centre Spatial Guyanais.

Photography and Art Credits

Every effort has been made to trace the copyright holders of the works published herein. If proper copyright acknowledgment has not been made, please contact the publisher and we will correct the information in future printings.

All images © by Vista Higher Learning unless otherwise noted.

Unité préliminaire

27: (tl) Benjamin Herzog/Fotolia; (tm) Tom Delano; (tr) Keystone Pictures/AGE Fotostock; (bl) Jeremy Reddington/Shutterstock; (bm) Anne Loubet; (br) Abadesign/Shutterstock; **29:** (tl) Paanna/Deposit Photos; (tr) Bukki88/Deposit Photos; (bl) Structurae / Nicolas Janberg; (br) Sigurcamp/Shutterstock.

Unit 1

31: (all) VHL.

57: (tl) Christophe Boisvieux/Getty Images; (tr) Daniel Brechwoldt/iStockphoto; (bl) Leslie Garland Picture Library/Alamy; (br) Chris Hellier/Corbis Historical/Getty Images.

Unit 2

82: (tl) Corel/Corbis; (tm) VHL; (tr) Radu Razvan/123RF; (bl) Janet Dracksdorf; (bm) VHL; (br) VHL; **86:** (tl) Mikhail Lavrenov/123RF; (tr) Philip Lange/iStockphoto; (bl) Bettmann/Getty Images; (br) Kumar Sriskandan/Alamy.

Unit 3

113: (tl) Andreas Karelias/iStockphoto; (tm) John Schults/Reuters/Alamy; (tr) KCS Presse/Splash News/Newscom; (bl) Everett-Art/Shutterstock; (bm) Tom Brakefield/Corbis Documentary/Getty Images; (br) Miloski50/Shutterstock.

Unit 4

141: (l) Bettmann/Getty Images; (ml) Hulton-Deutsch Collection/Getty Images; (mr) Dianne Maire/iStockphoto; (r) Edyta Pawlowska/Shutterstock.

Unit 5

157: (l) Kurhan/Shutterstock; (ml) BeautifulLotus/iStockphoto; (mr) Martín Bernetti; (r) SportStock/iStockphoto; **166:** (tl) Avava/Shutterstock; (tm) Janet Dracksdorf; (tr) Fesus Robert/123RF; (bl) Ingram Publishing/Photolibrary; (bm) Paul Smith/Featureflash/Shutterstock; (br) Pieter de Pauw/123RF; **169:** (l) Bettmann/Getty Images; (ml) Bettmann/Getty Images; (mr) Everett Art/Shutterstock; (r) Science and Society/SuperStock.

Unit 6

184: (tl) Bosca78/iStockphoto; (tr) Tomas Sereda/Shutterstock; (bl) Goodshoot/Alamy; (br) Paul A. Souders/Getty Images; **197:** (l) Thierry Tronnel/Sygma/Getty Images; (ml) Hemis/Alamy; (mr) Gianni Dagli Orti/Getty Images; (r) Stephane Cardinale/Corbis/Getty Images.